葬られた文部大臣
橋田邦彦

戦前・戦中の隠されてきた真実

髙橋琢磨 著

WAVE出版

◎まえがき

「橋田邦彦……近衛内閣の文部大臣だった方ですね。一九四〇年に皇紀二六〇〇年の祝賀があり、橋田文部大臣から梅原龍三郎に奉祝美術展覧会を開くよう嘱託がありました」

それまでの取材で、橋田を語れる人に出会ったことはなかった。嶋田華子は日本を代表する画家梅原の曽孫で、東京芸術大学大学院に学び梅原の資料整理や展覧会の企画をしているからこそ、若くとも橋田を知っていたのであろう。

「橋田邦彦は、近衛・東條内閣の文部大臣を務めた科学者であり、思想家である」といわれても、多くの人は「名前すら聞いたことがない。軍国主義のもとで永田町に出向いた御用学者なのかな。そんな人のことは知る必要はない」という軽い拒絶反応を示すくらいだろう。

嶋田のような人でも、橋田がどんな人物であったかまではよく知らないだろう。「科学する心」に得心がいったなどと書いている人がいたが、それが文部大臣橋田の教育指針だったことは知らなかったのではないか。

かくいう私も、こうして本にまとめてみるまで、これほどスケールの大きな〝知の巨人〟であることは知らなかった。

橋田の就いたポストは、東京帝国大学医学部教授、第一高等学校校長、文部大臣などだが、これだけ見れば取り立てていうほどのことはない。

二・二六事件が起きた時、日本経済の窮状を救うには科学立国しかないと橋田は提言した。その構想は、弟子で文化勲章を得た勝木保次らの努力で、現在、愛知県岡崎市にある自然科学研究機構の三つの研究所から成る岡崎統合バイオサイエンスセンターとなって結実している。三つのうちの一つ、基礎生物学研究所で九六年から教授をし、ここでの研究成果が認められて二〇一六年のノーベル生理学・医学賞を受賞したのが現東京工業大学栄誉教授の大隅良典である。

私はさっそく岡崎に基礎生物学研究所長の山本正幸を訪ねた。「ほう、研究所の構想は橋田まで遡るのですね」と山本は応じた。ノーベル賞がとれるような基礎生物科学の研究所という橋田の夢は大隅によって実現されたことになる。

橋田は、科学は「分解・分析」という細かいところへ分け入っていくので、同時に「総合・全体」を見る必要があると主張した。今日、地球環境問題や原発事故などが起きて初めてそうした主張が顧みられるようになった。

橋田は病因が同じであっても患者一人ひとりにはいろいろな側面があると、全身医学を提唱していた。人間関係や社会関係で発症が大きく違うことがわかってくると、その考え方が大切であることに気づく。これは、西洋の医学には「医科学」「医術」はあっても「医道」がないことの証明ともいえる。

当時の基礎医学の先端である電気生理学の気鋭の学者が、なぜ時代を超える発想ができたのか。それは、橋田が仏教の古典『正法眼蔵』を自由自在に読みこなせたからだ。

では、なぜ先端科学と宗教というもっとも距離のありそうなものを容易に結びつけられたのだろうか。それは、戦前の昭和が危機の時代だったことと深く関係している。戦前の昭和は、一九世紀の帝国主義的なグローバル化が崩壊していた。日中関係の今日的危機は、戦前昭和にはすでに泥沼化していた。現在は、冷戦後一段と進んだグローバル化の潮目が変わる状況にある。

橋田は、戦後「変節」して文化勲章をもらった和辻哲郎よりスケールの大きい、夏目漱石、西田幾多郎級の〝知の巨人〟だった。一高校長としても新渡戸稲造と並ぶ名校長だった。東條英機の学徒出陣に抵抗して辞表を叩き付けた文部大臣だった。教育者としても一流の弟子をたくさん育て、彼らからの尊敬、慕われ方は相当なものだった。

橋田が自死したことで、これらすべてが歴史から葬り去られてしまった。「戦前の昭和は一時の逸脱だった」と吉田茂はいったが、戦後はそういわなければやっていけなかったのだ。

近衛文麿には復活の試みが多くあるが、戦前の昭和は決して政治家や軍人の目で見た姿がすべてではない。〝知の巨人〟橋田を掘り起こし、その生涯を振り返ることで、昭和史の別の側面を浮き彫りにしようと思う。

二〇一七年三月

髙橋　琢磨

葬られた文部大臣、橋田邦彦◉目次

第二章 始まった昭和という時代

第三章　科学者橋田、道元を語る

第四章　橋田、文部大臣になる

装丁　本永恵子
校正　鷗来堂
編集協力　藤原雅矢
本文DTP　NOAH

序章

葬られた戦前・戦中の〝知の巨人〟

❖今掘り起こされるべき橋田邦彦

「橋田邦彦は、東條内閣の閣僚であったからA級戦犯のはずで、潔い人生を選び近衛文麿と同じように自害したのだろう。戦争責任者として当然だ。同じA級戦犯でも、東條内閣の商工相だった岸信介は問う価値がある。なぜなら戦後は首相になり、日本の針路に大きな影響を与えた人物であり、現首相の祖父にもあたるからだ。岸の軌跡が問われなくてはならないことは誰の目にも明らかだ。なのに、無名の橋田邦彦とは何者なのかを、今さら問うて何になるのだ」

これが大方の反応だろう。だが、どんな人物なのか問われなくてはならないという申し立ては、あちこちで静かに起こっている。

「葬られた思想家　橋田邦彦」と表現したのは下坂幸三である。下坂は、順天堂大学の助教授で気鋭の精神分析医であった。研究、治療をしていくなかで、橋田の書物に出会ったのである。この分野で先端を切り拓いてきたつもりでいた下坂は、橋田の書を読んでいるうちに、自分は橋田の足跡をたどっているだけなのではないかと思うようになった。しかも調べてみると、橋田は自分の知らない他の分野でも相当な功績がある。にもかかわらずその名が知られていないということは、時代が橋田を葬ったのだ。下坂がやむにやまれぬ気持ちで「葬られた思想家橋田邦彦」という講演をしたのは、彼が世を去る寸前の二〇〇六年のことである。

東京平河町の都市センタービルで開かれていた国際会議では、本多和雄が橋田の心身一如について語っていた。アメリカで全体医療が生まれるなかで、「全機性」「心身一如」をとなえた医学者橋田を、その先駆者として捉え、再評価しようという試みである。


全機性、心身一如は、橋田が『正法眼蔵』の研究を続けるなかで得たものだ。道元の研究の第一人者である駒澤大学名誉教授の山内舜雄は最近亡くなったが、東大赤門の前にある仏典の専門書店、山喜房仏書林の援助を得、老骨に鞭打って二〇一二年には、橋田の『正法眼蔵』研究を論評した『橋田邦彦著『正法眼蔵釋意』——その世界・解説と評論』を上梓した。

生前の山内に訊くと、橋田は一〇〇年に一度くらいしか現れない『正法眼蔵』の研究者だという。橋田の『釋意』に対する感想として、山内は「よくぞ、これほどまでに『眼蔵』の本質的な主旨をえぐり抜いたものだ」と驚嘆し、自分が一生かけて取り組んでようやく達したかどうかというレベルに橋田がいとも簡単に到達していたのは、科学を「行」として行ったからではないかと推測している。

橋田は、専門の電気生理学では世界の先端を行く気鋭の東京帝国大学教授だった。東京大学医学部生理学同窓会編『追憶の橋田邦彦』を見ると、弟子にはストレス研究のパイオニア杉靖三郎、脳研究の新分野を拓いた時実利彦、文化勲章を得た勝木保次、東北大学長になった本川弘一、都知事になった東龍太郎ら輝かしい名が並ぶ(注1)。

その一流の学者が、いかにして科学と宗教を結びつけたのか。東京大学で科学思想史を講じる金森修は、科学と宗教という本来相容れないものを結びつけた橋田の思考、思想のスケールの大きさに瞠目し、「私には、橋田の独創的な模索が、その後のわが国の科学にほとんど痕跡を残していないように見えることが残念でならない」と述べる(注2)。

金森は教育界の当事者として、「橋田の存在は、私たちの歴史意識が意識的に避けて通る空白地帯になっているのかもしれない」と付言している。というのは、従来も戦後の理科教育につながった数学・理科をつなぐ教育行政をした橋田を評価する動きが、なかったわけではないからだ。


ところが、こうした復活に向けての動きの一方で、橋田はなお葬られ続けている。例えば、建学の精神として「行学一体」という語句を掲げたある曹洞宗系の大学では、この語は戦時中の学徒動員に使われた標語と重なって都合が悪いと、宗門の明治期の先達を橋田が引用したにすぎないという議論を立てようとしている。橋田は未だに葬られ続けており、「葬られた」という表現では簡単に片づけられないのだ。

東京大学大学院医学系で医療倫理の研究員をしている勝井恵子は、『日本医学史学雑誌』に橋田の生涯と思想のスケッチを試みる論文「橋田邦彦研究」を寄せ、個々の分野での業績を追い論評をするだけでは、多面的な活躍をした橋田を捉えられないと問題提起している。

橋田の「部分でなく全図を見よ」という提言には私も賛成である。〝知の巨人〟の全貌を見るには、「科学立国を唱えた科学者」という一項目を付け加えた上で、それらを時代背景のなかに置かなければならない。格差問題に揺れアジアに新しい秩序を求めようとした危機の時代、昭和初期という「地」の上に、泰然自若として危機に正対していた橋田という「図」を置くことで、その全体像が浮かび上がってくるからだ。

橋田は知をもって危機の時代に対峙した道元を再発見したことで、自身もまた泰然と危機に向き合うことができたのだ。

橋田の像を蘇らせることで、昭和の時代が「知」の時代でもあったことを印象づけ、昭和の時代を立体的に見ることができる。そして現代人が橋田を再発見するなかで、危機に泰然と立ち向かう姿勢を学ぶことになる。雌伏していた中国が尖閣諸島の領有を主張しだすと、すぐにナショナリスティックな、時にはヒステリックな反応をすることがあってはならないのだ。

❖問われるべき昭和という時代

橋田は気鋭の電気生理学者として「実験」を重んじた。科学者が実験を重んじるのは当たり前のことである。だが、橋田の時代にあって実験は重い意味をもっていた。

明治期の日本は、西洋に追いつき追い越せといってやってきた。だが日露戦争での勝利で、まがりなりにもその目標が達成された。日露戦争後の日本、つまり先進国の一員となった日本がどう生きていくべきか、その一つのツールが「実験」だったのである。橋田は、その実験を通じて、科学の分野で一つの答えを提出したのだ。

それは、金森修が科学と宗教という本来相容れないはずのものを「全機性」という禅の用語をうまく科学の世界に適用し、専門化し、分化する西洋科学を包みなおし、全体像をつかむ日本的な科学の可能性を説いたからである。橋田はそれを科学の日本化、東洋化といったが、そこには今日の科学のあるべき態度が示されている。

だが、橋田の言動・思考は科学の分野を超えていた。旧制第一高等学校の校長である彼は時代のシンボルだった。なぜならその地位は、文部行政にたずさわる者がシンボリックなものを自分の手で選べる最高のポジションで、若き世代にあるべき姿を世に示せたからだ。

大正時代に新渡戸稲造が校長に選ばれたのは、大正デモクラシー、国際化時代を象徴していたからである。吉野作造のように単なる言説を唱えたのではなく、『武士道』を英語で出版し海外でも知られただけでなく、台湾政府の民生部の幹部としても活躍する人物だった。

橋田が校長に選ばれた時は、明治維新後の帝国主義の成熟が、大正デモクラシーという成果をもたらしたかに見えてはいたが、その後のアジアの発展によって近代日本は日露戦争前に続く二度目の戦前という危機の時代を迎えていた。つまり、自然科学の雄、生理学の最先端の研究に立ちながら、それをアジア・日本の立場から捉え直すことを説く橋田こそが、昭和の時代を象徴すると考えられたのである。

また橋田は、農村の救済には科学で日本経済の底上げを図る以外にないと、二・二六事件後の日本で「科学立国」を唱え科学実験・研究を「行」として実践したという意味で、国際連盟の事務次長として働いた新渡戸と同様に、行動の人でもあった。

生理学者の橋田には古色蒼然たる日本の思想家はもちろん、西田幾多郎にも和辻哲郎にもない華やかさがあり、昭和という時代のシンボルだったということだ。

新渡戸稲造は、現在でも社会科の教科書などに登場している。だが、一高校長のあとに文部大臣になった橋田邦彦は、どの教科書にも出てこない。

橋田は近衛内閣でも、続く東條内閣でも文相を務めている。その認証式後の記念撮影を見ると、重要閣僚でも年配者でもない橋田が最前列に位置している。首相は橋田を重要であると見せることで、自分の内閣のイメージが上がると考えていたことになる。

橋田は文部大臣として『大東亜史概説』の刊行を閣議決定している。東亜史とは、長い間中国を中心に語られてきたアジアの歴史を、近代化で世界の先端に立った日本の視点で包み直すものである。

「科学者の橋田先生が文部大臣になったというので、非常に清新でたのもしい感じを受けましたね。近衛首相はいい人を起用したと思いました」というのは、博報堂の最高顧問であった近藤道生である。近藤は、私が取材したあとしばらくして亡くなったが、なぜ日本は負け戦に突入してしまうことになったのかについて、近衛文麿の述懐を日本中が戦勝に沸いていた日米開戦から間もない時期に、箱根の福住旅館で二晩にわたって聞いたことのある人物でもある。

近藤とともに話を聞いたのは、『路傍の石』で国民的作家となっていた山本有三、そして革新官僚のはしりで近衛内閣で文相、内相などを務めた安井英二である。この安井が第二次近衛内閣で橋田に文相となるよう説得したのである。

近藤は大蔵省（現財務省）で主税局長などを務めた後に博報堂の社長になったが、近衛の話を聞いたのは大学卒業間近の時である。若造だった近藤がこのような席になぜ呼ばれたのか。それは、近衛の次男、近衛通隆のための勉強会を主宰していた山本が、そのメンバーだった近藤を論客と認めたからだ。山本は「こんな席に呼ばれるとは、君もたいしたものだねえ」と近藤にいったという。

近藤は、一高は橋田の校長時代とはいきちがいで卒業していたが、橋田が文部大臣であった時は東大法学部に在学中だった。近藤は学徒動員世代の最初で、東大の繰り上げ卒業式に現れた東條英樹首相がぶった演説を聞いている。

「学徒出陣を決めた時の文部大臣は誰だと記憶されていますか」と、私は近藤に尋ねた。それは本書の取材中に、「橋田だ」と多くの人が誤って記憶していることに気づいたからである。

「記憶は定かではないが、東條首相が兼任していたのではないか。それで繰り上げ卒業式に現れたのではないか」というのが近藤の答えだった。これは正解に近いが、正確には、橋田は本書で後述するように、学徒動員に反対して東條首相に辞表を突きつけている。橋田辞任直後に東條が文相を兼任していたのは短期間で、すぐに岡部長景が任命されている。岡部が法案に署名し、雨のなかで挙行された最初の学徒出陣のパレードに立ったのである。

だが、多くの人はこれを橋田に結びつけて記憶している。駒澤大学の山内舜雄にしてもそうだった。山内も私の話を聞くまで、「なぜあんなにすばらしい『正法眼蔵』研究をした橋田が、われわれ学徒を戦地に送る法律をつくったのか」と、心の葛藤をかかえ煩悶していたのだという。

ましてや東條から和平交渉を続けるから文相として残るようにいわれて、留任していたことは誰も知らない。もちろん、こうして橋田の言動の一部を示したところで、歴史の大きな流れは変わらない。だが、歴史の真実は細部に宿るのだ。

「橋田邦彦が、GHQからA級戦犯の通知を受けて自殺したのは、髙橋さんが話をしてくださって初めて知りました。私は捕虜収容所に長い間抑留されてから帰国しました。その時には私のまわりでは話題になっていなかったと思います」と近藤はいった。

橋田は自ら命を絶っている。その沈黙をよいことに、私たちは橋田を無視してきたのではないか。私たちは、盥《たらい》のあか水を流そうとして、赤ん坊まで捨ててしまったのではないか。

私たちは日本がなぜ戦ったのかを問うことなく、戦争責任を東條英機に、その歴史観を平泉渉に押し付けて、この時代を忘れようとしてきたのではないか。ことに歴史学界、教育界という世界では、戦前には数多くいた「皇国史観」の史家の一人という位置づけにすぎなかった平泉渉を、その中心人物として祭り上げた。

『「皇国史観」という問題』を上梓した長谷川亮一によれば、平泉につながる学統が文部省を支配し皇国史観をふりまいたとすることによって、歴史家の戦争責任を彼一人に背負わせて、あとは罪をまぬがれるという構図をつくってきたのだという。

私たちは、流し去った「戦前の昭和」というあか水のなかから橋田を探し出さなくてはならない。それが危機の時代を迎えた現代にふさわしい日本人像を見出すために役立つと考えられるのである。

❖医師の家に生まれ医学の世界へ

では、橋田はどのように生を受け、育ったのだろうか。橋田を探し出すには、まずは履歴調べから始めることにしよう。

橋田邦彦は、一八八二(明治一五)年に漢方医藤田謙蔵の次男として鳥取に生まれている。

謙蔵は鳥取藩士であったが、幕末・明治初期に江戸に出て、儒学者にして最後の漢方医の大家といわれた栗園（浅田宗伯）について漢方医学を学んだ。

謙蔵は漢籍に強く、息子たちに陽明学の『伝習録』、佐藤一斎の『言志録』などを学ばせた。成徳小学校は校是として『伝習録』にある「至誠」を掲げていた。祝日の行事などでは謙蔵が呼ばれ、学童たちに道徳の講話をしたりした。

邦彦の場合は、父から手ほどきされたというよりも、兄の敏彦が学んでいるのをそばで見ながら学んだのだろう。父がとっていた雑誌「陽明学」も、兄ととりあって読んでいた。それは邦彦が聞いて覚えることができる秀才だったからだ。

こうしたこともあって、小学校には学齢よりも一年早くに入学した。そして中学は鳥取の県立に決まって家を離れた。

実家の漢方医の仕事はだんだんはやらなくなる。そうしたなかでも祖父や父は「清貧」をかかげて、いつもにこにこ顔で暮らしていた。陽明学の教えそのものの生活である。

だがある日、邦彦は「兄の敏彦だけは大学までやれるが、邦彦、お前まで大学にやる資力がない」という父の言葉を聞いた時、自分の家が貧しいことに思い至った。だがその瞬間、邦彦は「朝に道をきけば夕べに死すとも可なりと、父上に教えられてきました。私は学問を続けたいと思います」といった。

父親は言葉を失った。兄の敏彦には切腹の作法もさずけるなど、「長男だけは何とかしたい」という思いが強かったからである。だが敏彦は学業操行とも優の特待生だったが、いたずらっこの邦彦も特待生だった。

そこで謙蔵が考えたのは、篤志家を探すか養子に出すことだった。邦彦が一七歳の時、隣村の橋田浦蔵の養子になったのは、そのような事情があってのことだ。橋田家は雲州浪人の橋田道慶が長瀬村で開いた漢方医を、五代にわたって受け継いでいた。宇野村の伊藤家からきみゑを二歳の時から養女として迎え育てており、ゆくゆくは邦彦と結婚させるという含みがあった。

鳥取県倉吉市には今も邦彦の生家、成徳小学校、橋田医院跡などが残されていて、市の博物館には遺品も多少残されていると聞いたので、私はそこを訪れることにした。勝井恵子も加わり、案内は倉吉ロータリークラブの井上勲と、きみゑの甥本多和雄である。

最初に見せられたのが、橋田の書である。幅一間の掲額に表装された「至誠」という文字は力強く、気品にあふれていた。橋田が、愛弟子山極一三の義兄である吉田角次から土地の小学校のためにと依頼されて書いたものである。

橋田の弟子長谷川銕一郎が橋田の書を表装店に持ち込んだところ、「これほど無欲で清らかな書は見たことがありません。とても政治家の書とは思えません」といわれたという。この話は、橋田が政治家にはあり得ないほど恬淡とした心の持ち主であることを物語っている。

「至誠」の揮毫を依頼した吉田は東京帝国大学医学部を卒業し、北海道の無医村、北見市の僻地で開業した医師である。馬そりで往診に出かけ、支払いのできない患者からは診察料をとらない医者だった。「義を見てせざるは勇なきなり」ということで、逃亡していた堺利彦を何日もかくまったこともあるという。橋田は吉田のことを「医は仁」を実行し、医道をまっすぐ歩いている先輩として尊敬していた。

この二人の思いもこめられているのではないかと思って、改めて書をながめると、額をかけるにはその部屋は少し狭すぎた。私の所作で気づいたのであろう、案内役の井上勲は「この額は本来の場所に掲げられるのが望ましいのですが、今はこうして仮住まいをしています」といい、葬られた思想家の復活を願っているともいった。

書は人を表すといわれる。最晩年の橋田の薫風のような心に触れた気がした。橋田の書は、碑としても多く残されている。その多くを見ている山内は、いかに橋田が郷里の人たちに愛され、尊敬を受けていたかの証だともいっている。

私は、小学生だった邦彦の生活がわかるような光景に出合った。倉吉には、鳥取藩の出城である打吹城があり、城下町、陣屋町として栄えた。成徳小学校は藩主池田家の家老である荒川家が、打吹山の麓に構えた陣屋跡に明治二〇年に建てたもので、今も残っている。

屋根の構造こそ日本式だが、ヴァージニア風のバルコニーをもつ白壁の美しい西洋建築で、柱もエンタシスになっていて、当時の学校建築を代表するものである。多少古びているが、明治期の学校建築がそのままの姿に近い形で残っているのも驚きである。この校舎建て替えの時に授業が休みになり、進級試験も行われなかったので、邦彦の飛び級の特典が消えたという。その邦彦が、当時駆け上がったであろう階段も歩いてみた。

当時のおもかげは、学校からそう遠くない玉川に沿って続く白壁土蔵群や商家の町並みに残されている。明治四〇年に建築された銭湯、赤い石州瓦の屋根の家並みが、生活に取り込まれ、ゆったりとした時間の流れる街である。この光景は、谷口ジローの漫画『遥なる町』の舞台としても多くに知られていたが、最近の地震で多くの被害を受けている。

邦彦が育った家は、白壁土蔵群の反対側の職人町の川から二筋目にある研屋町にあった。家は街の中心部にあり、小学校へは子供の足でも一〇分もあれば通える。

この家には、それまで鳥取に住んでいた祖父も加わっている。鳥取藩士であった祖父は時計の収集が趣味で、家は振り子のない掛け時計、いわゆる軍艦時計で溢れていた。趣味ではあるが、次から次へと組み立てるので、狭い家の一室を占領するくらいになっていた。

祖父は求めに応じて時計の修理も手がけた。邦彦は祖父の手伝いをよろこんでやった。この精密機械いじりの経験が、のちの実験生理学での実験器具の工夫に大いに役立ったようだ。

だが、ほぼそのまま残っているという旧藤田家の診療所兼住居は、元鳥取藩士の家という想像からはほど遠く小さい。写真で見る橋田浦蔵の豪壮な屋敷とは大違いである。診療室に使っていたという天窓のある部屋で編み物をしていた小田博子が、私たちを迎え入れてくれた。八四歳という年齢では、橋田と一緒に遊んだ時期はない。

「ついこないだまで若さんがいて、ようく一緒に遊んだという話を聞いたものです」。小田はアルバムを見せてくれた。「これが橋田文部大臣が倉吉女学校に来られた時の写真で、校長が緊張して出迎えています。橋田大臣はゲートルを巻いて、急ぎ足で校門から玄関へと向かっているように見えます。遠い昔です」

家のなかを見渡すと、邦彦と兄の敏彦が取っ組み合いの喧嘩というか、じゃれ合いをしたという中二階もそのまま維持されていた。そして生家が、ことのほか小さいことに改めて驚いた。

養子取りが続いたため、父の謙造が代を継いだ一八六二（文久二）年ごろには、禄高は半分の四人扶持三〇俵になっていたと知って納得した。息子一人を大学までやったら、次の者には学資を出せる余裕はなかったという状況も理解できた。鳥取から祖父が合流したのも、鳥取の資産を処分して敏彦の学資にあてたということだろう。

養子になった一九〇一年に、邦彦は一高三部（医学部進学）を受験し、席次は二番だった。一番だった西成甫とは親友となり、その後も親しい関係が続いていった。

橋田が大学に入ったのは一九〇四年。東京帝国大学の創立は一八七七年で、医学部もその時に誕生しているが、橋田の師となる大沢謙二によって生理学教室が創設されたのは一九〇二年のことである。

〇六年、兄の藤田敏彦が、東大を卒業すると同時に結婚して、千駄木に家を構えた。邦彦も夏休みに倉吉の藤田の家をたたんで、三年前に謙造に先立たれていた実母をともなって上京し、兄の家に同居するようになった。だが同じ年、邦彦は「心中の狂瀾を鎮めんための油は何か」と親友の西に書き送っている。どうやら何かが起こっていたようである。

〇七年、兄がドイツ留学し、兄嫁が妊娠して実家で出産、育児をすることになった。このため、千駄木の家には、橋田と母だけが残された。この時、橋田家の養女になっていたきみゑも上京して跡見女学校に通うようになった。

そのころ漢方医が医師として認められなくなり、橋田家は破産寸前になっていた。邦彦には家族の扶養義務が生じ、医者として家を継ぐことも話にのぼったが、まず卒業ということで先延ばしになった。

〇八年、橋田は医学部を卒業したが、学問をしたいという欲求は強く、医師として家業を継がせたいという養父橋田浦蔵の希望に添えないことに悩みながらも、翌年には医学のなかでも最も基礎的な学問とされる生理学の大澤謙二教授のところで助手になった。実兄の藤田敏彦と兄弟で生理学をやることになり、邦彦は大学に寝泊まりして実験する日々を過ごした。

第一章

日露戦争後という時代の画期

橋田邦彦は、夏目漱石、西田幾多郎の世代のあと、東條英機、和辻哲郎などとともに日露戦争前後の世に出る〝知の巨人〟である。日本が五大国の一角として自負をもつようになり、追いつき追い越せの目標を達成したという意味で、日露戦争は画期的な戦争であった。

しかしその半面、日本が世界の先端に立つ「ポスト日露戦争」という不安な時代が生み出された。もはや世界に範として学ぶものがなくなり、日本は手探りで先端を切り拓かなくてはならなくなった。つまり「近代の超克」という課題がつきつけられたのである。

橋田が私費で英文ジャーナルを発刊したのも、こうした時代の使命感ゆえだった。橋田の師、大澤謙二は、橋田の先輩で時代におもねり優生学を唱えた永井潜を台北帝国大学の医学部長に「栄転」させ、人を救う使命を重んじる橋田を自分の後継とした。医師にならない理由を問われ、橋田は「医術で病気を治療し得る保証はないのだから、診察の業につくのは自分の本意ではなく、医道の本源である生理学を志す」と説明している。つまり、先端を切り拓く任をとりたいというのである。

当時、科学の世界ではドイツが一歩リードしていた。西欧にない個人主義の発見を発展させる運命をになった和辻哲郎以降、日本はドイツを教養、知識形成の基盤としていった。

1　エリートたちの第一次世界大戦

❖第一次大戦下の橋田の体験

一九一二年の夏、養父橋田浦蔵が全身を丹毒に冒され重篤な状況に陥った。橋田の留学が決まる一年前のことである。この時、橋田は泊まりがけで看病にあたっている。治療法といっても当時はイヒチオールの塗布ぐらいのもので、その交換が看護のほとんどすべてであった。これには岡山医学専門学校（岡山医専）に通っていた分家の弟橋田篤もかけつけ、二人は交替で看護にあたった。

この夏といえば、明治天皇が重篤な状態にあった時でもある。病床の浦蔵はしきりと天皇の容体を気にした。邦彦は、「庶民が陛下のことを案じてもいたしかたない。父上は自分の養生に専心なさってはいかがか」といった。すると浦蔵は、「庶民が天上のことをお慕い申し上げてどこが悪いか」と怒り出した。橋田が「陛下にもしものことがあってはならぬという意味で、侍医頭の関玄卿には短刀が送りつけられてあります」といったので、浦蔵は押しだまった。気まずい空気が二人の間に漂った。篤はあわてて「兄貴は身近なところでお上にお目にかかったわけだ」と、邦彦が恩賜の銀時計をもらった時のことに話を向けた。邦彦は「ご尊顔は拝しました。実は異例中の異例、陛下が玉座にて居眠りなさっている模様のように拝見しました」と話し、浦蔵も怒りを収めた。

あいかわらず浦蔵には二人交替でのイヒチオールの塗布が続けられた。夏なので何もしなくても暑く、取り替え作業をすると汗だくになった。

浦蔵の容体はよくなったが、明治天皇は崩御した。橋田は何を思ったのであろうか。この時、夏目漱石は『こゝろ』に登場する先生に、「夏の暑い盛りに明治天皇が崩御になりました。その時私は明治の精神が天皇に始まって天皇に終わったような気がしました」と語らせ、時代の喪失感を描写している。

橋田のドイツ留学は、時代が大正に変わってからである。船が出る広島への見送りには養父の浦蔵と中学時代の学友、吉村欣二が付き添い、橋田篤も岡山から広島まで同行した。篤が「自分は少し頭の出来が悪いが、生理学を専攻することはできるだろうか」という手紙を書き送っていたことに対して邦彦は、「将来のことをいろいろと悩むのは、若者の特権だ。自分でもっと考えることだ。それでも生理学をやりたいのなら、恰好のテキストがある」とドイツ語の書を手渡し、「毎日わずかずつでも勉強すれば、私が帰るころにはひとかどの生理学者になっているよ」といった。

篤は「で、兄貴はどうなさるのですか。きみゑさんと結婚なさるんでしょう？」と邦彦の将来に話をふった。本家の養女きみゑと分家の篤は年もほぼ同じで、家も近く兄弟のように育っていた。邦彦は、三年の留学期間を終えて帰朝した時には、きみゑと結婚したいという意思を示し、きみゑにそのことを伝えるよう篤に依頼している。

橋田が留学したのは、現在はフランスの大学になっているストラスブルグ大学のギルデマイステル教授のもとである。しかし、落ち着いて間もなく第一次世界大戦が始まった。日本がドイツに宣戦布告したことで、橋田は近衛文麿とも吉田茂とも異なる経験をすることになった。漱石の『明暗』に登場する三好は、かろうじて収監を免れるタイミングでドイツを発ち、その後何度もその経緯を説明することになるが、逃げ遅れた橋田、そして少し先にハイデルベルグ大学に留学していた同期の西成甫（のち東大医学部解剖学教授）は、ともに刑務所に収監されてしまった。

当時、在ベルリンの船越光之丞代理大使は、日本が参戦した場合に留学生が拘留されることを考慮し、「日本倶楽部だより」を通じ、それとなく国外退去を勧めていた。だがその文面は、同じように収監された植村尚清によれば、「ヨーロッパ混乱のため、わが留学生の研学の目的もおそらく達せられまい。この際、親善国の感情を害さないよう帰朝するが得策であろう」というものだった。あとから考えれば、最後通牒を手渡す前に国外脱出をしてほしいということだったとわかるが、研究に没頭し学問と戦争とは別と考えていた留学生には通じなかった。

植村の「ドイツ幽閉記」を読むと、収容所体験は実に陰湿で気が滅入るもので、遺書も用意していたとある。橋田も、二重に鍵をかけられた監獄の独房へ閉じ込められ、髪の毛が白くなるほどのショックを受けた。どうやら収監の理由はスパイ容疑であり、将校待遇であることもわかったが、それにもかかわらず看守はトイレ掃除を科したのである。そのことに橋田は、やはり当初は滅入ったようだ。

外界との通信が許されなかったなかで、橋田は持ち込んだ陽明学の『伝習録』を静かに読むようになった。この収監は、ある意味で、西に「心中の狂瀾を鎮めん」と書き送ったことに示唆されるように、波乱に満ちた学生、助手時代の気分を完全に断ち切る機会ともなった(注3)。

橋田がこの経験を、島流しにあいながら佐藤一斎の『言志録』の読書で人間力を鍛えた西郷隆盛と重ね合わせ、『南州手抄言志録』を買い求めたのは帰国して間もないころである。『手抄』とは『言志録』から西郷が日ごろ口ずさんでいたものを旧日向藩主の秋月種樹が編集、出版させたものである。

やがてドイツ語での国内通信を認められ、西と橋田は手紙をやり取りできるようになった。その橋田からの手紙の差出人名が、フォン・ハシダとなっていたので、西は橋田のことを「頭がおかしくなったか」と思ったという。フォンとは、貴族を表す称号だからである。

その半年後ぐらいに、中立国のアメリカ大使館の斡旋が成立して、二人は独房から解放された。橋田は、敵国になっても師であるギルデマイステル教授に、いかに処すべきかを尋ねた。すると、中立国のスイスに出てチューリッヒのツアンゲル教授のもとで研究を続けるのがよいと勧められた。

こうして橋田はツアンゲル教授のもとで研究を続けた。先述の植村も先着していた。橋田は、同じく国外退去した西に会った時、「フォン・ハシダと名乗ったら刑吏の態度がよくなったよ。トイレ掃除も免除になった」と、くったくのない様子で語った。小学校時代のいたずらっ子ぶりをここでも発揮したということであろうか。

中立国とはいえスイスも物情騒然としていて、橋田の生活は、蛙皮の電気生理学的研究ひとすじで研究室と下宿の往復に終始し、時々ビリヤード場に立ち寄るというものだった。西によれば、橋田は尺八、硯、陽明学の本、そして泉鏡花の小説をもってきていたという。

第一次大戦の終わりを告げる号砲は、帰りのインド洋上に浮かぶ船の上で聞いた。

神戸に着いた橋田を出迎えたのは、養父の浦蔵と中学時代の友人、吉村の二人だった。橋田にとって、第一次世界大戦の記憶は強烈なものだったことは間違いない。しかし、橋田は基礎医学の学徒である。世界をどのように理解していたかについては、史料が残されていない。

❖アジアを冷静に見ていた三人のエリート

第一次世界大戦が起こるということは、実は、当時の人にとっては予想外だった。一〇年に出版され世界的な大ベストセラーとなったノーマン・エンジェルの『ザ・グレート・イリュージョン』は、イギリスが達成したグローバル経済の成果をあますところなく描き、今や世界経済の相互依存が進み、戦争を遠ざけたと述べていたからだ。

当時、最高のジャーナリストといわれた長谷川如是閑も、「資本主義が経済的世界主義を建設するに及んで、国際関係は経済生活本位になった」と見ていた。

ところが、戦争は遠ざかったというエンジェルの予言は、わずか四年で覆された。しかも多くが危惧をいだいていたアジアではなく、ヨーロッパで戦端が開かれたのである。

実は、ドイツ海軍の増強はイギリスの脅威となり、必然的に両国対立の構図が拡大していくというイギリス外務省高官エア・クロウによる覚書が、〇七年に提出されていた。

日本のエリートたちも、このリアリストの覚書の存在は知るよしもなかった。第一次世界大戦の勃発とその後の展開は、日露戦争後のあり方を模索していた日本のエリートたちにも大きな衝撃を与えた。

何が起こったのか。第一次大戦に至る過程を見ると、個人の自由を守ってきた英仏をドイツの軍国主義が武力で凌駕する可能性を見て、イギリスもまた対抗上、徴兵制を取り入れ、軍事力でドイツに対する以外に選択肢はなかったのだ。つまり、力と力の均衡でしか平和は実現しそうになかったが、結果として戦争になったことになる。

第一次大戦の反省から、その後の世界は民族自決の原則などの自由主義、そして国際連盟の設立などの国際協調が基本になる。しかしウィルソン大統領が国際連盟設立を提案したものの、議会の賛成が得られずアメリカは参加しなかった。ウィルソンに代わって、国際連盟設立に走り回ったのは大英帝国のジャン・スマッツだった。彼の言説は、のちに橋田の思想との関係を生むことになるが、この時点では橋田は何も知らない。

連盟の本部に、日本からは新渡戸稲造が事務次長として送り込まれた。新渡戸は、後藤新平が第一次大戦後の世界情勢を視察する旅に同行している途中で、事務次長への就任を請われたのである。後藤は、内務官僚出身で台湾総督府の民生官であった時代に、札幌農学校の教授であった新渡戸を殖産課長として実務の世界に引き込んだ人物である。

後藤は、新渡戸の提言によって台湾の砂糖の生産が軌道に乗ったことを高く評価し、その成功をもって京都大学の植民政策の教授として学界に戻したのである。後藤は初代南満州鉄道総裁も務めており、新渡戸とは同郷でもあった。つまり、上司であるだけでなく、同郷の敬愛する先輩でもあり、後藤が総長を務める拓殖大学でも手伝っていた。

後藤は寺内内閣で外相を務めていて、内閣が倒れたため下野したばかりだった。しかしパリ条約がどうなるか関心が高く、外遊したいというのである。パリ条約後の世界に関心のある新渡戸は、一も二もなく賛成した。後藤は、新渡戸を顧問格として通訳も兼ねさせ、田島道治を秘書役として視察団を組んだ。

田島は、後藤が呼び戻して外務大臣秘書官として起用していたが、東大在籍時代に新渡戸のところで押しかけ書生をしていた新渡戸ファンでもある。新渡戸も東大から休暇を取って参加し、一行はアメリカ視察から始めた。

ヘンリー・フォード、トーマス・エジソンなどを訪ね、鉄道院から留学していた鶴見祐輔と岩永裕吉を伴い、ロンドン、パリに移動した。鶴見らも田島と同級であり新渡戸ファンで、船のなかでは後藤は目の悪い新渡戸のために本を読み聞かせたりした。一行は新渡戸のための視察団という雰囲気のものだった。

パリに着くと、西園寺公望から後藤に、新渡戸を国際連盟の事務次長に推薦するとの話があった。「日本にまわってきた事務次長の席をまっとうできるのは君しかいない」と新渡戸を説得したのは、次席代表の牧野伸顕である。

新渡戸は、連盟の提唱者ウィルソンとはジョンズ・ホプキンス大学の大学院で三年間机を並べた間柄であり、牧野は新渡戸に日露戦争後の一高校長を引き受けるよう慫慂し、赴任したばかりの京都大学から東京大学へ移籍させ、兼任の形で一高校長を引き受けさせた文部大臣である。新渡戸は事務次長をいったん断ったが、後藤の意見を聞いてから決めると含みをもたせた。後藤視察団が再びロンドンに滞在している時に、新渡戸への事務次長就任の正式オファーがあった。後藤は牧野たちに、新渡戸を勅選議員にしたら引き受けさせると条件をつけていた。その内諾を得ることで、「退任したあとの身分も保証されたのだから、引き受けろ」というのであった。後藤は前外務大臣である。国際協調体制のもとでの日本の役割を予想し、新渡戸の栄誉欲が強いことを知っていて、新渡戸が引けないようにお膳立てしたのである。

五七歳になっていた新渡戸は、そのまま当初本部の置かれたロンドンに赴任し、やがてジュネーブに移って七年の任期を務めた。ウィルソンが白羽の矢を立てたエリック・ドラモンド事務総長は、公平無私という点でまさに適役であったが、演説嫌いだったので新渡戸は事務局の華やかなスポークスマン役を演じた。日本の外交も、こうした国際的な枠組みでの協調を追求していたのである。

だが、西園寺、牧野、新渡戸らによってフォローされる国際協調路線に対し、ヴェルサイユ宮殿に来ていた次世代の日本をになう若きエリートたちが同調していたわけではなかった。その場に居合わせなかったが、条約派の言動を浮わついたものと見たグループもいた。

これら若手の認識は、第一次大戦後急に日本の目の前に現れ、理想を掲げた経済的帝国主義の世界秩序に対して、アジアの現実は違うというものである。ヨーロッパに加えアメリカと中国を同時に視野に収めた時の感想としては、アジアの現実にこそ目を向けなくてはならないというのであった。

こうした認識は、冷戦後といいながら、現在のアジアが冷戦構造を引きずり、ナショナリズムの対立をはらんでいると見ることと似ている。

では、国際協調をうたうヴェルサイユ条約を見届けながら、リアリスト的発想で冷徹にアジアを見ていた若手エリートとは誰であろうか。その三人に言及すべきだろう。

一人目は、第二次大戦後の日本を背負うことになる吉田茂である。吉田は中国に赴任したばかりで、正常なルートではヴェルサイユに赴く可能性がゼロだったが、岳父で条約交渉の次席全権代表の牧野伸顕に懇願し、カバン持ちになったのである。

二人目は、主席全権代表の西園寺公望の個人的な関係で同道した近衛文麿である。このため近衛は祖先伝来の財を処分して渡航費をまかなった。近衛もまた「力が世界をまだ支配している」とヴェルサイユから書き送っており、吉田と同じ見解であった。

近衛は「欧米中心の秩序を排す」を「日本及び日本人」（一七年一二月号）誌上に発表し、「みだりに英米本位の平和主義に耳を貸すことなく、真実の意味における正義人道の本旨を体してその主張を貫徹せよ」と主張した。そして「来るべき講和会議で国際平和連盟に加入するにあたって日本が主張すべきは、経済的帝国主義の排斥と黄白人の無差別的待遇だ」というのである。

また、「現状維持をすることが平和で、ドイツのように現状を打破しようとして敗れたのは国際正義ではないというのは本当か。自己生存上必要な戦いもあり得るのではないか。そうした正義があれば日本も戦う用意がある」というのである。

こうした主張の論文が英訳され広く知られたので、欧米から批判も受けた。だが、果たしてヴェルサイユ会議の結論は近衛の主張どおりになった。近衛は失望を感じざるを得なかった。

ただ、外遊は近衛にいくつかの新しい感覚を与えている。一つ目は、ヴェルサイユへの途上、上海では論文を見た孫文から私邸に招かれたことである。孫文が鋭い眼光を放ち、熱っぽくアジア民族の覚醒を訴えたことに近衛は感動を覚えた。二つ目は、帰途立ち寄ったアメリカの底抜けに明るい国柄である。そして三つ目は、会議の議長席には主宰国のクレマンソー首相がついたが、副議長席にはフランス留学の長かった西園寺代表が五大国の一つとしてアメリカのウィルソン大統領らと並んで座った国際秩序の実感であった。

そして近衛がヴェルサイユでの憤懣をその場で分かち合ったのが、三人目の非軍人松岡洋右である。松岡は外務省から報道担当の随員となって来ていた。苦学し得意の英語力が買われた点では新渡戸のケースに似ているが、新渡戸が東部のエリート大学でウィルソンらと机を並べ、裕福なクエーカー教徒の娘と結婚したのに対し、松岡の留学先は西部の大学で、人種問題の現場でもあったという点で交友関係も受け入れ先のコミュニティは異なっていた。

この違いが、一方を国際連盟のスポークスマンという役割を果たさせ、他方をやがて国際連盟脱退の役割を演じさせることになるという対照を生んだとの見方もできる。先取した形になるが、松岡は国際連盟の場で、中国代表団の顧維鈞が取り上げた「田中上奏文」を偽書であると論破し論争に勝った。だが、ニューヨークタイムズなどが両論を併記し、その後、日本の中国侵攻が進むにつれ「本物」との報道が増えていったことからすれば、完全に宣伝合戦で敗北していたと、二〇一〇年に『日中歴史認識』を上梓した服部龍二は分析している。

❖総力戦の時代に求められたゼネラリスト

リアリスト的な目でアジアを見ていたのは、軍人も先の三人と同様である。軍人は国民一般から募集されることからエリートであり、農民など大衆をも代表していた。なかでも幼年学校から陸軍士官学校、陸軍大学校でトップクラスの成績を収めたエリートは、陸軍中枢の参謀、軍政畑を歩んだ。

このエリートたちは、日露戦争あたりまでは政戦両略の統一の上に戦争を遂行するという心構えと教育を受けていたが、昭和に登場することになる世代では政治、政策に関する教育をほとんど授けられることなく、過去の戦争での戦略、戦術といった技術的なものに限定されるようになっていた。

いわゆるゼネラリストとしての教育が欠けていたのである。国民の生活の歴史を教育に取り入れていなかった欠陥とも指摘できる。そしてエリートのプライドに反して、日露戦争後は軍人の出世が滞った。こうしたことが、陸軍の若手将校たちの関心事を、戦術の研究、組織運営のあり方、出世の道筋といった狭い領域のことに向かわせがちにした。

しかし、第一次大戦のありようが、彼らに狭い戦術の研究だけでは戦えないという認識を生む。確かに日本はドイツに宣戦布告し、第一次世界大戦に参戦した。当時ドイツ領だった中国の青島で戦勝した神尾光臣中将は総力戦を戦った将軍として、一九一四年にできたばかりの東京駅のこけらおとしに凱旋した。だが、実情はアジアの植民地を奪っただけのことだった。

本物の総力戦をつぶさに観戦したのは、永田鉄山である。永田は、若い将校の集まり「木曜会」の中心となる世代であったが、もともとゼネラリスト的な、バランスのとれた見方のできる男だった。第一次大戦の始まりをドイツで見聞し、いったん日本に引き揚げ俘虜情報局勤務となったことで、さらに総力戦に目を見開くことになった。当初は多くが五分五分で終わると見ていた大戦が、終盤となるにつれてドイツに不利となっていったからである。

東條の場合は、ドイツ留学時は敗戦の反省がなされていた時で、直の体験ではなかった。東條がドイツ留学で学んだことは、作戦は妥当であったが、その伝達・遂行に問題があったというドイツ参謀本部の自己満足であったとされる。

石原莞爾は陸軍士官学校の二一期生で永田とは五期違い、ドイツ留学も大戦が終わったあとの二二年で、永田や東條とは違うナポレオン戦争の視点で研究をした。そして「日露戦争で勝った勝ったといっているが、ロシアが本気になっていたらどうなっていたかわからない。僅差の勝利にすぎない」とさめた目で見ていた。日露戦争後という時代が日露戦争を神話化しかねないことを諌め、まず五大国という前提を疑ってかかれというのだ。

したがって石原の場合、同じ持久戦でも、日本が工業力で欧米に劣ることを前提に、戦闘の舞台が中国大陸ということを想定して、現地で戦争資源を調達しながら戦いを進めるゲリラ戦的なアプローチを志向していた。第三回の木曜会では、戦地で資源を調達しながら戦争を続けたナポレオンの戦略を適用した形で、満州攻略について報告している。

二三年に帝国国防方針が改定の形で策定されている。明治期の策定には陸軍中佐の田中義一があたり、政戦略の一致が重視されていた。ところが改定された方針では、第一次大戦の経験で総力戦に目を見開かれたはずなのに、国是や国家戦略が省略され、国防の本義として要約される形となった。

仮想敵の第一にはアメリカが挙げられ、総力戦を戦うための物資の供給地として中国を確保し、アメリカ軍とは日本近海で艦隊決戦することが構想されていた。つまり、軍事ドクトリンとしては、総力戦に配慮しながらも短期決戦が強調されていた。

これに呼応する形で、アメリカ側でも二四年に対日作戦計画「オレンジプラン」が作成されていた。これは敵対的になり得る国を列挙し、その国と戦う場合の戦略という位置づけである。計画では、日本を攻略するのに三段階を想定し、日本が突如戦争を仕掛けてきた第一段階では、パナマ運河の防衛を優先し、フィリピンなど日本に近い基地はしばらく独力でもちこたえる。第二段階では、海軍が兵士動員とカリフォルニアでの艦隊編成を完了させ、フィリピンなどに応援に駆けつける態勢に移る。第三段階では、大陸で生存しようとする日本の力を空と海からの攻撃で封鎖し包囲して降伏させる——と想定していた。

パナマ運河は太平洋と大西洋をつなぐ要衝の地であり、アメリカ海軍の艦艇はここを航行できるサイズで建造されていた。日本海軍は太平洋での日本優位をベースに軍縮を受け入れていたが、アメリカが優先したのはパナマ運河の自由度確保による日本を凌駕できる体制であった。

このため、日露戦争以前に世紀の偉業に参加したいと日本から馳せ参じ、中堅技師として活躍した青山士は、アメリカ、パナマ国民からスパイと疑われた。日露戦争後に帰国した青山は、内務省の技官になり、熱血技師の宮本武之輔を起用し、信濃川大河津分水路や荒川放水路建設を主導することになる。

2 皇太子——外遊で身につけたイギリス流

❖大正天皇を退け昭和天皇に帝王学

昭和史の舞台が開く前の天皇、つまり昭和天皇の皇太子時代の様子はどのようなものだったのか。明治憲法では、天皇は国務大権の長であり、戦争遂行での長、つまり統帥大権を握っていた。さらに水戸国学の流れを汲んで神道を国家神道とし、天臨した神の「万世一系の子孫」である天皇によって統治される神政国家として構築されていた。明治維新に際し、日本は、国民の統合を図るべく、キリスト教国家のひそみに倣ったのである。

長い歴史のなかで見た天皇の役割は、国民をいつくしみ日本の文化を継承し発展させることだとの見方もある。実は大正天皇はそうした伝統的な天皇として育てられ、歌作などでは才能を示した。大正天皇は皇太子時代に行啓などにもたびたび出かけ、小田原の山縣有朋の別邸や大磯の三井高棟の別邸、城山荘などにも足を運んでいる。

だが後になって、明治天皇と山縣など政治指導者たちから、時代にそぐわない天皇だと判断された。このため大正天皇は、放送大学教授の原武史が明らかにしているように、政治の表舞台への登場が許されず、病弱との理由で宮廷内に押し込められてしまった。そこで明治天皇や山縣、原敬など明治の指導者から、プロシア的な指導者として育てられたのが、昭和天皇ということになる。

裕仁殿下は、幼少のころからドイツのカイザーを目指した帝王学を教えられ、軍人として育てられた。東宮学問所で日露戦争の海軍元帥東郷平八郎のもとで七年間の帝王学を授けられ、総仕上げとして原敬首相の勧めでヨーロッパ五カ国へ外遊することになった。

だが、皇太子のヨーロッパ外遊を、日本の官僚たちは一種の賭けだと見ていた。皇太子の近しい人として知られた甘露寺受長によれば、「殿下は緊張と未経験から外交上のしくじりをなさるのではないかという心配があった。普通なら大目に見られる失敗も、皇太子が犯したとなると手厳しい反応が来るかもしれなかった」からである。

では、皇太子に冒険を強いたのは何だったのか。ロンドンの大使館で待機していた吉田茂によれば、それまでの国学歴史による皇室教育の基盤に、広く東西の学問を取り入れるための実践だったということになる。

❖イギリス王室と異なる君主制の国民化

甘露寺も吉田も、皇太子外遊の目的を正確に言い当てていない恐れが強い。なぜなら、皇太子教育が目標としていたドイツ、ことにウォーレンツオレル家の帝政ドイツは、第一次大戦で敗北を喫し、王室が消滅していたからである。これでは、外遊を皇太子教育の卒業旅行と位置づけることはできない。

第一次大戦前後のウォーレンツオレル家の当主、ウィルヘルムⅡ世の言動に関しては、マックス・ウェーバーが『職業としての政治』のなかで、いらざるパフォーマンスをしてドイツの外交をミスリードしたとして非難した。カイザーの虚栄心ゆえに、君主の人格を公の舞台における政争から遠ざけるどころか深入りさせることになったというのである。

カイザーの虚栄心ゆえに第一次世界大戦を起こし、帝王の座を失った。今さらカイザー帝王学から何を学ぼうというのであろうか。この意味でハーバード・ビックスが、「最大の眼目は、第一次大戦後が結果としてこの国と世界にもたらした政治改革の嵐と、ヨーロッパにおける君主制の倒壊とを巧みに乗り切ったイギリス国王ジョージ五世に学ぶことだった」というのは正しい指摘である。

そして皇太子は、官僚たちの杞憂を杞憂に終わらせる皇室外交をやってのけた。吉田によれば、「天性の御美質」によってジョージ五世から「あたかも近親のご対面なるかのように」受け入れられたのをはじめ、イギリス社会から「非常な歓迎」を受けたのである。

ドイツ式での帝王学を学んできた皇太子にとっても、改めてヨーロッパでの現実に触れ、そのなかで現実路線をとってきたイギリス王室から学ぶことの多い日々であった。

半年間の外遊を終えて帰国した皇太子を待ち受けていたのは、関東大震災からの復興を担った東京市長、アイデアマン後藤新平の発案による奉祝会であった。日比谷公園で行われた式典には、三等郵便局長や私立小学校長など従来招かれない市民を含め、三万四〇〇〇人が参集した。ビックスのいう「君主制の国民化とナショナリズムの高揚」の結合が早くも表れたのだ。

だが「民意」がナショナリズムに導かれたとしても、やがて神聖な天皇像によって育った世代、ことに庶民層の「民意」の逆襲を受けることになる。なぜなら、彼らは天皇と自分たちを隔てるエリート層、ことに元老や財界人が悪いとして、彼らを排除して天皇親政を望むようになっていくからである。


さて、外遊から帰った皇太子は、外遊を勧めた原敬からも合格点をもらい、大正天皇の健康が優れないという理由で、摂政宮となった。二〇歳の時である。明治天皇や山縣などの敷いた路線どおりである。

だが、外遊で学んだイギリスの王室は、「統治すれども君臨せず」である。皇太子はそれでよいと考えていた。にもかかわらず、明治憲法がそこにあり、周辺の意識も変わっていなかった。長谷川如是閑も指摘しているように、天皇の権能を利用して、ことを運ぼうという輩が多かったのである。

3 実験仮説への橋田の異常な熱意

❖大学教育の普及・一般化を促進

橋田の留学中に、日本の大学の様子はかなり変化していた。明治時代は、グローバル基準を採用して秋入学だったが、橋田が留学した年には会計年度に合わせた四月入学に変わっており、帰国した一八（大正七）年には大学令が出た。

最近の大学改革ではグローバルスタンダードの秋入学が検討されたが見送られた。実は明治の初めには、初等教育から大学レベルまですべて秋入学だった。しかし、会計年度との齟齬があるために、明治二〇～三〇年には、ほとんどの小中学校で四月入学に変わった。

しかし、大学は秋入学にこだわった。それは、欧米先進国と制度的にも学問レベルでも整合性がなければならないという信念からである。高校も九月入学だったのは、ほとんど全入の大学予科だったからである。海外留学してもすぐ通用するように、語学を含め教育レベルは高かったので、明治期の大学入学年齢は平均で二三歳、卒業は二七歳だった(注4)。

当然、ギャップイヤーが出るので、官立の諸学校や私学では春秋入学制をとっていた。帝国大学はなお抵抗していたが、橋田が留学した一三年に専門学校以上の高等教育機関が、そして学校修学年限の短縮をうけて高校・大学の入学時期も二一（大正一〇）年くらいまでには四月入学に切り替えられたのである。

そして橋田の留学の間に認識されたのは大学教育の普及、一般化である。新渡戸を筆頭に、吉野作造、美濃部達吉、大河内正敏など一五人の東大教授が、「大学をもって最高の学府と見なせる時代はすでにすぎ去らんとす。現時世界における学術の顕著なる進歩は研究微に入り細に及び、一事の蘊奥を攻究するもまた当に学者の一生と巨多の財力を費やすべし」と、大学とは別に優秀な卒業生を選び、学術研究所では実験設備なども整えて大型の研究ができる学制改革をすべきだとの意見書を提出したのは、一八年のことである。

だが、研究所はすでに理化学研究所があり、北里柴三郎が創立した伝染病研究所を東大の付属研究所にしていた。こうした事情もあって、関東大震災後に地震研究所が設けられたものの、特段新しい研究所を設けるという機運はなかった。

その一方、大学令は慶應義塾、早稲田など八私大を誕生させるなど高等教育の普及を目指す、平等社会を求める世の動きのなかでの新しい大学像を追求するものだった。講座制の規定も置かれなかった。

こうしたなかで、東京帝国大学は研究大学であるとの衿持を保つため、春秋入学であった私大とは別であると、秋入学には相当にこだわり続けていたが、改正帝国大学令には、教育と研究の両方を担うことをうたい、講座制が明記され、それぞれの単位で研究を続けるヨーロッパ型のスタイルが維持された。多くが講座制を望んだからとされる。

❖研究室の雰囲気を変えた助教授時代

橋田は一八年に帰朝し、東京帝国大学助教授となった。私生活の面でも落ち着いた。橋田家の養女となっていたきみゑと結婚し、大学の近くに居を構えた。きみゑは山本富士子に似た美人だった。しかし、追分町の細長い路地の奥にあった二階屋は粗末なもので、とても帝大助教授の家とはいえない代物であった。伝統ある橋田家も没落していた。

そんな時、橋田を岡山医専で教授に迎えたいという話があった。橋田は貧乏暮らしを抜けるには岡山に行くのも一つの選択肢だと、新妻のきみゑに相談した。きみゑは「あなたは中央で活躍する人です。貧乏暮らしをいといません。岡山の話はきっぱりと断ってください」と即断した。

橋田が助教授になると、大澤教授は生理学教室の運営をかなり橋田にまかせるようになり、教室の雰囲気、やり方ががらりと変わった。先任の助教授の永井潜は橋田よりも一〇年ほど早く欧州に学び、『医学と哲学』『生命論』『生物学と哲学との間』といった、生理学の枠をはみ出した著作をものする学者だった。生理学、医学と哲学を結びつけるという発想が、のちに橋田に影響を与えた可能性は大きい。

では、大澤・永井時代とどう変わったのか。まず橋田が学問をどう考えていたかを見ていこう。橋田の考えていた生理学（フィジオロジー）とは、歴史的には医学から出ているが、一方の足をバイオフィジックス（生物物理）に、もう一方の足をバイオケミストリー（生物化学）に置いた基礎的な学問として成り立つべきものであった。二〇一六年に医学部のない基礎生物研究所から、大隈良典というノーベル生理学・医学賞の受賞者が出たのは不思議ではないとの見方につながる。

こうした観点から、橋田は従来にもまして実験を重視し、用意周到な仮説の提示、復元性のある精確なデータの徹底など、生理学という学問が物理や化学などの実験に負けないだけのものを備えるようにせよと教室員を激励した。

それには、いくつかの実験環境の変化もある。それまでの生理学での実験は、生体を扱うので物理学の実験のように厳密な形にするわけにはいかないという多少甘い基準がまかり通っていた。しかし、そうであってはならないというのである。

こうして生まれた研究室の実験プロトコル（手順）は、イギリスに出かけていた福田邦三、フランスに行っていた長谷川銕一郎など海外の一流の研究室に行っていた者の話を聞いても、高いレベルと推定されていた。

橋田研究室の実験プロトコルが優れていたとはいえ、欧州への留学は必須だった。橋田が留学したギルデマイステル教授の下に行った者だけでも、三〇年には鈴木正夫が電気刺激で論文を書き、北海道大学の朴沢進が人体の皮膚における分極の問題に、橋田の後をついで生理学教室教授になる坂本嶋嶺が神経単一線維刺激に取り組み、成果を上げていた。

さて、橋田が助教授になったのと時を同じくして緒方知三郎も助教授になった。知三郎は、幕末の蘭学者緒方洪庵の孫にあたる。洪庵の次男の緒方惟準の四男だ。緒方は橋田より一年先輩で、ビタミンB_1欠乏症、つまり脚気を研究していた。しかし、二人は顔こそ見知っていたが話したことはなかった。

ある日二人は、先輩助教授たちから呼び出しを受けた。医学部の助教授の多くが「助教授どまり」になっている人が多く、「芙蓉会」なるものをつくっていた。「芙蓉会」というのは、教授たちから不要、無用と思われているという自嘲、不満を込めた命名である。人数も増えたことだから助教授にも教授会での議論に加わるべきだという提言をしたいので、それに加われということ。二人は誘われるままにその申し入れに加わった。

幸い教授会への申し入れは聞き入れられ、拡大教授会が開かれた。若い二人には初めに発言の機会を与えられた。
ここから二人は親しく付き合うようになった。実験動物の扱い、ガス交換の実験器具では、橋田がいろいろな提案をして緒方の実験器具やプロトコルの改良などを手助けした。

緒方は、間宮英七師の講話会に生理学教室の面々とともに参加した。「東京参玄会」とも呼ばれることになる仏教研究会のオリジナルメンバーにもなって、橋田とともに会の運営にあたった。橋田は会の導入役を買って出て、科学者の日常と禅の世界の結びつきについて話すようになった。緒方はその後も橋田とは近しい関係であったが、戦後には文化勲章を受章し、東京医科大学の初代学長にもなった。

これとは別に「東大仏教青年会」という集まりがあり、法学部の学生は法律相談所をもうけて一般市民の便宜を図っていた。ここでただ一人の医学部の学生だった畑邦吉は、法律相談所にならい医学部の学生で健康相談所ができないかと考えていた。たまたま仏教青年会の集まりに橋田の養女恵美子が出席しているのを見て、畑は橋田に相談をもちかけた。

橋田はその場で賛成し、松田勝一など先輩格の学生を紹介し、週一回の健康相談所活動を始めることになった。学生の身分なので正式の診察はできず、仏教青年会のもつ小さなフロアで来訪者の相談にのりながら薬の処方をした。

「仏教青年会」は今も東京メトロ丸ノ内線本郷三丁目駅の駅前にあるが、当時は毎週水曜日の相談日の数時間は、三坪ほどのフロア二つがほぼ満員の盛況であったという。橋田は診察はできないなかで慎重にやるよう指示し、松田などは健康な人の心音を何度も何度も聴診器で聴き、診察にあたったという。

また、畑は交替でつめる学生の間で勉強会をしようと呼びかけ、そこで橋田が講話をするようになった。これが「医道会」と名づけられる運動となった。橋田の話は、医学、医療、医道、科学、宗教、さらには政治に至るまで縦横なテーマに及び、橋田自身の思想形成にも寄与していくものとなった。

❖研究成果の発信に英文ジャーナルを創刊

自然科学者が実験を重んじるのはなんの不思議もない。だが、多くの弟子が仮説と実験に厳しい橋田との体験、思い出を語っている。例えば、のちに東北大学の学長になった本川弘一も、仮説の立て方がなっていないと、こっぴどくやられた思い出を語る。教室で叱られた本川が学会発表する段になって仮説を省こうとすると、仮説のない実験があるかと一喝され、あわてて簡潔に述べたこともあったというのである。

仮説と実験は表裏一体をなし、実証によって理論化されていく。このプロセスをおろそかにしてはならない。橋田は、結果は大事だが、それよりも仮説とプロセスがきちんとしていることとを要求したという。

なぜうるさかったのか。二二年のメモに「理論の誤りはやむを得ない。また当然であるが、誤れる理論から正しい事実を曲げて見、または誤りとみなすようなことは危険である。理論を正しいとみなして事実を批判する前に、理論の批判がなくてはならない」とある。英文ジャーナルを創刊したことも併せ考えると、そこには次のようなエピソードが頭にあったと思われる。

鈴木梅太郎が脚気の原因を追って、一一年にオリザニンレッド（ビタミンB1）を発見した。鈴木は海兵に脚気が多いのに着眼し、海上での白米と、陸上での七分付き米との差にあるという仮説を立て、その差異を生む物質、糖のなかからビタミンを抽出し、その欠乏が脚気の原因だと主張した。

微生物の作用によらなくても病気が起こるという新事実を突き止めたのである。病気はビタミンという栄養素の欠乏によって起こるという新しいパラダイムが提示された。

ところが、それはドイツ医学の化学療法、そして病気の原因としての細菌説を学習した陸軍軍医総監、森林太郎（鷗外）には「まったくのたわごと」であった。森が学習した医学は、原因を細菌に求めるものであり、それ以外を認めなかった。

鈴木の功績は、ある物質が体に影響を及ぼすという古いコンテクストだけで考えるとその位置がよくわからないものを、ある物質の欠乏が体に影響を及ぼすというテーゼに置き換えたことにある。橋田が「理論を疑え」といっていることと同じである。

生理学という研究領域が新たなパラダイムであると宣言するには、生理学を医学の一部門という位置づけから独立した学会をもつ必要があった。つまり「日本生理学会」の設立である。その発足当時の模様を、橋田の実兄藤田敏彦が次のように残している。

「京都の日本医学会総会・分科会の機会に急テンポで生理学会が生まれた。誰から発案せられたかは忘れたが、医化学、薬物学に気兼ねすることなく生理学だけでやっていこうではないかということで、瞬く間に衆議一決。思い立ったが吉日、善は急げで早速その同じ二二年に第一回が東京で開かれることになった」

生理学会では、学会長を置かないことにした。ここにも『正法眼蔵』読みの橋田の影響が見られる。『正法眼蔵』には、「憐れむべし、汝が深愛する名利は、祖師これ糞穢よりも厭うなり」とある。会長を置かない伝統は今なお続いているが、橋田は文部大臣になるまで常任幹事を務めた。

これに限らず二二年という年は、橋田にとって大きな転機であった。まず前年に三五歳で博士を授けられたのに続き、永井教授が台北大学医学部長に「栄転」したあとを引き継いで生理学講座の教授になった。こうした形での橋田の任命には、日本における生理学の鼻祖大澤が、病床にあったにもかかわらず、自分の開いた生理学を継ぐのは橋田以外にいないと猛烈な活動をしたとされる。つまり、時代におもねり優生学を唱え、人を切り捨てた永井に対し、医は本来人を助けるものだという大澤・橋田の取り組みこそが東大のあるべき姿だというのだ。

そして、橋田が私費を投じて英文ジャーナル「Journal of Biophysics」を立ち上げたのもこの年のことだ。日本の生理学の成果を世界に向かって発信しなければならないと感じていたからである。

先に挙げた鈴木の例もその一つだが、橋田の少し前の時代の医学関係者には、北里柴三郎の破傷風の培養、血清療法の発見、ジフテリア血清療法、ペスト菌の発見という偉業、志賀清の赤痢菌の発見、高峰譲吉のジアスターゼ、アドレナリンの発見、野口英世の黄熱病研究などレベルの高い研究成果を上げた者が少なくなかった。

だが、世界の学会からは、実力どおりの評価を必ずしも得ていなかった。橋田が考えたのは、日本は研究ベースでの発信力が弱いために、個々の成果が十分に評価されなかったのではないかということである。高度なジャーナルをもち「地」を確かなものにすることで、個々の成果という「図」がはっきり見えてくる。ゲシュタルト心理学の要諦である。

この時期のドイツは世界の研究センターで、アメリカの大学卒業生もドイツに留学したほどだ。橋田もドイツに留学している。だが、橋田は一高で英語での受験が認められるようになった最初の年に、英語で受験している。学問の世界でも英語が国際語になっていくだろうと考えていたようである。

この英文ジャーナルはやがて「日本医学輯報」に合併されてしまう。英文ジャーナルの編集を手伝った坂本嶋嶺は、橋田のあとの第二生理の教授になっていたが、終戦直後にアメリカから来た学術調査団のブロンク団長から、「このジャーナルを高く評価していた。ぜひ同誌を復刊するように」と強く勧められた。

❖学際的アプローチと盟友寺田寅彦

医学は細菌から血清、栄養代謝へと進み、より人間、体に近い生理学の出番が来ると、橋田は期待していた。そのためには、専門化が欠かせないと自分も電気生理学を専攻し、専攻分野を攻めるには学際的なアプローチも必要と考えていた。

そこで、大学院で教室に入った者には理学部の講義を受けさせた。また実験の整理には数学が欠かせないからと、毎週数学の講義を行っていた。さらに物理学の進歩が科学全般に影響するとして、生物医学をやる学生のために相対性原理の講義を行った。

橋田の学際的アプローチは、周辺科学のトップ学者との交流に象徴される。学生たちにも、物理関係の学者と接触の場をもたせ、例えば生機学会懇話会に地震学の泰斗寺田寅彦も呼んでいる。

寺田は複雑な問題に応用する場合には、まず要素分解的なアプローチで個々の要素の関係を科学的に分析することは大切だが、その結果を総合して初めて応用になるのであって、枝葉はあとにして、まず大きい所に目をつけて近似の概念をつくることだと説いた。

寺田が研究しようとしたのは複雑系の科学である。当時、寺田はガラスの割れ目を研究していたが、金平糖の突起の発生、地震の発生しかりである。地震プレート説は当時たわごととされていたが、寺田は近似の概念としてよい仮説だと評価していた。

寺田は先端の研究に目配りはしていたが、欧米の学者たちのやった実験を追試してちっぽけな発見をするよりも、自分のテーマを探してそこで勝負せよと弟子たちに説いていた。尺八の音階的な研究をしたこともある。

全機性といい日本的テーマの探求といい、西洋の成果の後追いをしていたら、いつまでたっても西洋に追いつけないと、弟子たちを叱咤激励していた橋田とは、きわめて近い考えの科学者、同盟者ということになる。

さて、寺田は「講義や講演はうまくないので」といって、生理学の学徒たちの前には座談の形で現れた。割れ目の物理学などを披露し、学生たちも五弁の花はその法則とどう関係があるのか、物理学者と植物学者の共同研究ができないかなどを議論した。

「人間の感覚がもとになって科学が興り、物理学が隆盛した。その結果、感覚的要素を排除した物理的世界像が構築されるが、それでも感覚は実験物理学の母であることは否定できない」といったことも随筆に書きとめている。こうした感覚が橋田に共感を覚えさせたようである。

橋田は寺田寅彦の追悼特集には、割れ目の研究などを引きながら、テーマの選び方、物の見方などきわめて独創的な学者中の学者と評価する一方、「寺田一人を天才だ、独創的だと誉めそやすのではなく、あとに続くものが絶えないようにするのがわれわれ後輩の務めである」と宣言し、「先生を惜しむ心はやがて自己への激励である」と結んでいる。

❖生理学と『正法眼蔵』を結びつけた震災

二三年、関東大震災で東大は甚大な被害を受け、生理学教室は壊滅的だった。橋田のデータは消滅し、多くの実験器具が使い物にならなくなった。

震災を契機に防火・耐震建築の熱心な提唱者として知られた内田祥三の設計で、東大の構内は軸線を基準とした群造形を誇る東大本郷キャンパスとして一新される。だが、復興には時間がかかった。震災後最も早く完成し、現在は医学部付属病院南研究棟として使われている新棟でも、完工は二五年である。

この新棟を手はじめに、東大は次々と更新・拡張され、最後の法文二号館が完成するのは三八年になる。医学部棟の建設は優遇されたが、それでも数年を要した。

橋田たちは、薬学部の細菌室を改造して仮教室とすることにした。そこを仕切って臨時の教授室、実験室とし、運び出された機械器具を修理し、あるいは補充して従前の実験がなんとかできる態勢にした。そして橋田研究室は何ごともなかったかのように再開された。昼休みに皆で昼食をとりながら議論する光景も続いていた。

ただ実験室は狭く、狭い部屋同士が導線もなくつながっている。そのころ、東龍太郎など屈強の若者が、狭いところに机を置いて実験していた。東は基礎医学をやろうとした時、ボートの効率的な漕ぎ方の測定で世話になった人がいたことを思い出して、橋田研究室の扉を叩いた。東は、当時は夢中だったので、机の下を臨時の暗室にして現像したといっている。教授も実験室のなかを通らなくてはならないので、コミュニケーションが密だったと語っている。東は橋田の将来の変化に一役買うことになる。

震災を免れた橋田の追分町の家には、あいかわらず学生たちの来訪があった。松田勝一は山崎光太郎の「直接白頭翁を訪ねてみようじゃないか」という誘いにのって自宅を訪ねた。白頭翁というのは、震災後に橋田の頭が白髪に転じていたからだ。陰で白狸と呼ぶ者もいた。

二人は橋田から「よく来たね」と招き入れられ、きみゑ夫人からはにこやかに茶菓の接待を受け、「帝大教授なのになぜ粗末な家なのか」「先生はいつ勉強をなさるのか」など、いろいろと話しながら帰ったという。

橋田が関東大震災にあいながら平常心を保ち、それまで以上に熱心に実験に取り組み、弟子たちと議論していたことを多くの弟子たちが伝えている。

だが、橋田は実験データをなくしたことの意味を自問していた。新しい発見をする機会が減ることにはなるが、データは実験することで再現できる。だが、仮に新しい発見ができたとしても、それはすぐに新しい発見によって置き換えられ、新しい説明に置き換えられていくことになる。

何か後々に残るような仕事もしてみたいという気持ちが、橋田を『正法眼蔵』の研究に向かわせることになった。橋田には、科学の研究は『正法眼蔵』の研究につながっている、同時に研究を進めればよい、そうすべきだとの考えがあった。

のちに橋田から後継に指名される坂本嶋嶺も、橋田から「一緒に『正法眼蔵』をやる気はないか、生理学と『正法眼蔵』の同時なのだ」といわれた一人だ。これに対し宗教の本を読む時間があるならば実験をすべきとの声もあることを知っていた坂本は、「とても私には二つを同時にやる能力はありません」と断った。

金森修がいうところの科学と宗教という本来相容れないはずのものを橋田が追究し始めたのは、関東大震災の体験を通じてであった。

第二章

始まった昭和という時代

橋田の尺八の師匠は東京慈恵会医科大学生理学教授の浦本政三郎で、その師匠は谷狂竹。狂竹の尺八は普化尺八である。普化というのは、虚無僧姿で尺八を吹きながら家々を托鉢して歩くことをいうのである。

昭和になっても、こうした姿が街に見られた。狂竹は決して例外ではなく、貧しくとも心豊かな生活はあり得たのだ。

だが社会の近代化は、貧しくとも心豊かな生活ができる空間をなくしていった。資本主義経済の発展、教育の普及、普通選挙の実施、新聞・ラジオなどマスコミの登場は、貧しさを権力者・資本家の富と対比する「格差」の認識を生むことになった。ことに軍の若手将校などの間では都市と農村との「格差」が強く意識され、「何とかしなければ」という焦燥感が抱かれるようになった。そこで起きたのが二・二六事件である。

橋田は、二・二六事件の後に「科学立国」の提言をしている。それはどんな意味をもつのか。戦前期昭和という時代はどんな時代であったのか。その評価なしに橋田の評価はできない。果たして戦前の昭和とはどんな時代であったのか。今少し掘り下げて見ていこう。

1　昭和実験社会の目玉になった満州

❖埋められない普通選挙と民意の距離

新渡戸稲造に代わる新しい時代のシンボルは誰か。その答えは後に見るとして、大正デモクラシーに代わるものは何かといえば、普通選挙体制の昭和デモクラシーであろう。

ここでいう普通選挙（普選）とは、選挙に際して財産・納税額・身分・教育・信仰や教養などによって制限を設けず、一定の年齢に達した成年男子全員が平等に選挙権・被選挙権を有する制度を指している。

有権者が高額納税者に限定されていた時には、農村の有力者たちを基盤とする政友会に有利だった。しかし、普通選挙となると都市の庶民もまた同じ一票をもつことになり、政友会は不利になる。今日、中国共産党は、こうした変化をきらい、一国二制を認めたはずの香港で行政官の直接選挙を認めようとしないが、昭和の日本で政友会が変化を認めざるを得なかったのは、それだけ普選運動三〇年の重みがあったということであろう。

護憲三派は、政党内閣の結成、普通選挙の実施などを選挙公約に掲げて闘い、衆議院選で勝利を収めた。選挙のさなか、裕仁殿下・良子女王の結婚式が行われた。最後の饗宴には高橋是清も招かれ、裕仁摂政宮から「高橋、選挙に勝っておめでとう」と声をかけられた。

選挙で第一党となった憲政会総裁の加藤高明に組閣の命が下され、護憲三派の内閣は、公約どおりに衆議院選挙法を改正し、普通選挙を勝ち取ったのである。二四年六月のことである。

こうして始まった普通選挙制度、同じく始まったばかりのラジオ放送、そして大衆化した新聞といったメディアをどう活かしていくのかが注目された。つまり、エリートに限定された大正デモクラシーに対し、選挙、メディアに表れる「民意」をどう昭和デモクラシーのなかで活かしていくかである。

だが、マルクス思想は危険とみなされ、治安維持法や新聞紙条例によって規制、あるいは禁止されていた。その意味で昭和デモクラシーへの期待と不安は交錯していたことも確かだ。

昭和時代の始まりを急進的な総合誌「改造」が論評を加えている。寄稿者の一人、庶民派エコノミストの高橋亀吉は資本主義という仕組みで養える以上の人口をかかえ、「働けさえすれば食っていける」という安心感がなくなったと、昭和という新しい時代を規定した。社会が構造変化をしたとの認識である。事実、多すぎる人口を移民で減らそうという手段は、アメリカが受け入れを拒絶していた。

リベラルな財界人や東洋経済新報社によった人々は、貿易立国が可能ではないかとの期待をいだいていた。だが第一次大戦を経たあとの世界経済のシステムは大きな不均衡をかかえ、機能不全だった。その意味で時代の閉塞感が、高橋亀吉のかなり暗い昭和の予見を生んだともいえる。芥川龍之介の短編小説『蜘蛛の糸』の世界にも通じるものだ。

確かに昭和という時代は、「格差問題」という中間項を含んで、「貧しいこと」にどう向き合っていくかを問われた時代であった。

その一方、明治以来の臣民教育で権利への意識も生まれていて、政府への要求となっていく。資本主義という仕組みで養える人口を増やす改善、改革が必要であり、それが不可能ならば資本主義という仕組みそのものを変えろという声なき声である。

普通選挙で選ばれた政権と「民意」の距離は、容易には埋められなかった。そのために、やがてそれが、明治維新で生まれた体制がもはや機能していない、昭和維新が必要という大方の認識になっていくことになる。

だが国内の体制の改革は利権構造がからみ、必ずしも簡単ではないとの認識から、内外同時の革命が目指されるようになる。よい意味でのアジア主義者はそうした革命の提唱者であり、実践者といえよう。

その表れ方は、海外における満州事変、そして国内における二・二六事件のような形をとった。議会が機能しないなら、軍や官僚のなかから小さな「実験」をして改革を進めようという動きである。それは白馬に乗って二重橋に現れた昭和天皇への人々の期待の裏返しでもあった。

❖社会実験が繰り返された昭和前期

昭和の滑り出しは高橋亀吉が予想したように散々だった。期待の普通選挙は行われたものの、明治憲法の桎梏のため政党政治による政権交代という形が徹底できなかった。こうした状況での変化、変革が不可能であったため、政治はガバナンスを失い、結果として小粒な形、つまり軍の中堅将校、官僚機構の革新官僚などが小さな社会実験を重ね、「実験社会」を繰り返すことになった。

まず、日本の経済の状況を見ておこう。第一次世界大戦後に日本経済は拡大した。ヨーロッパが戦争で余力がなくなり、その間隙をぬったからである。しかし、ヨーロッパで戦争が終わると、日本は過剰設備をかかえ、不況になった。

二九年からの濱口雄幸内閣は、井上準之助を大蔵大臣に起用し、旧平価での金解禁を断行した。それは、一つには多くの国が金本位制への復帰をしていくなかで、五大国としての日本も復帰を果たすためであった。

旧平価のままでの金解禁は、円為替相場を異常に高騰させて輸出を不振に追い込み、国内には安い輸入品が入ってデフレを起こす恐れが強かった。そこで「東洋経済新報」の石橋湛山らは、物価変動を反映した新平価を取り決めて解禁すべきとの論陣を張り、高橋亀吉らも追随した。

一方、井上らは、国際競争力を向上させるには、緊縮財政と金解禁によるデフレ政策を断行し、不良企業を淘汰し産業構造改革を進めることが必要と考えた。

だが、二九年にはウォール街が崩落し、アメリカの恐慌が日本国内に影響を及ぼすようになった。日本の国内市場は縮小し、輸出産業は円高によって国際競争力を失って不振に陥り、日本経済は二重の打撃を受けることになった。

大内兵衛が「嵐に向かって窓を開いたも同然だ」と怒った不況の到来である。これは日本にとどまらず、世界的な大不況の始まりでもあった。日本が貿易立国となるための環境は崩壊したのである。

企業に資金を貸している銀行も次々と倒産した。地方の銀行は名士によって設立され、名士が興した企業に貸付をしていたからである。先の新渡戸の米欧視察旅行にも同行した田島道治が引き受けることになる昭和銀行は、そうした倒産銀行の受け皿として設立されたものだ。

こうしたなか、アメリカとの協調を打ち出し、軍縮を進めようとしていた濱口首相を、野党の政友会の犬養毅は統帥権干犯であるとして糾弾した。統帥権とは軍隊の最高指揮権で、大日本帝国憲法では天皇の大権とされていた。当然軍備などは内閣の権限だ。ところが二大政党制の下では相手の党を倒せば政権は自党に転がり込む。そこで、党利党略のために統帥権を軍備の問題にまで拡大解釈したのである。昭和デモクラシー遂行上のルール違反である。

問題は、この拡大解釈がその後独り歩きするようになったことだ。軍の独善を許し政党政治そのものを葬る契機となっていったのである。その意味で、統帥権干犯問題は大きな転機となった。

昭和初期に実験社会が可能になったのは、統帥権干犯をはじめ、広義の政府のガバナンス構造が弛緩して、中堅将校や革新官僚が、われこそは「民意」にかなった政策ができると実験を始めたからだ。

❖国家の暴力独占を破った石原莞爾

ウェーバーによれば、国家は暴力装置を独占する。国家の暴力装置の代表的なものが、軍隊である。その軍隊を動かす権力が統帥権ということになる。統帥権の下、軍隊は一糸乱れぬ形で動くことになる。

だが、紛争が起こるようなところに派遣された軍には自衛のための行動が許される。その例外事項を悪用し、軍のなかの課長級の人間がやすやすと国家が独占すべき権限を行使し、起こしたのが、二九年の張作霖爆破事件である。

中国の統一をめぐる軍閥の主導権争いでその優劣が次第に明確になり、陸軍中央を含め日本政府は、万里の長城を境に南、つまり中国本土は勢いのある蒋介石の領分とするが、北、つまり満州に関しては劣位にある張作霖の支配にすることによって、その劣位の張作霖と交渉しつつ満州の権益を守るという路線を考えていた。

ところが現地駐留の軍たる関東軍は一挙に満州を支配下にしようと張作霖勢力の排除を考え、張を爆死させたのだ。これは軍紀のゆるみというよりも統帥権の干犯に近い。時の首相、田中義一は、この謀略の首謀者を軍事裁判にかけ、厳罰に処すとしていた。

田中とは先に見たように日本で最初の帝国国防方針の起草者であり、山縣有朋麾下の秀才軍人である。だが、それ以上に政友会を率い最初の普選で勝利して、つまり「民意」をもって選ばれた首相である。厳罰方針を貫くことができたはずだった。

にもかかわらず、田中は政党・軍の思惑に引きずられて事件をうやむやにして幕引きをしようとした。これが天皇の叱責を買い、田中も退陣を余儀なくされた。

田中が、「民意」と押し切って関係者を厳罰に処していれば、おそらく昭和デモクラシーはよいスタートができただろう。だが、田中の優柔不断、責任逃れの行動が、君臨すれども統治せずの立憲君主政治、政党政治を危うくする。

次に起こった満州事変は、この中途半端な処理で終わった張作霖爆破事件が伏線となっていることは間違いない。

三一年、関東軍作戦主任参謀にあった石原莞爾が、柳条湖付近で南満州鉄道を張学良の仕業と見せかける形で爆破し、その爆破を契機として一万余の軍を率いて張の本拠、奉天城をたちまちのうちに占拠した。余勢を駆って瀋陽、長春など南満州の要衝の地も占領した。

なぜ石原ら関東軍は勝利を収めることができたのか。それは、必ずしも満州の周辺にいた張作霖の息、張学良率いる一一万余の軍閥が弱かったからではない。張が華北で反乱をした石友三軍の討伐に出かけ、張と連携を保つようになった蒋介石が三〇万の軍勢を率いて本拠地南京を離れ共産軍と、ついで反蒋介石の国民党広州派と戦っている時を見定めてから、ことを起こしたからである。

では、日本にどの程度の正当性があるのか、石原は次のように答える。三一年八月に揚子江と黄河の堤防が決壊して四〇万人以上の農民が死に、九月初旬の日本による満州攻撃開始の前夜には、緊急に救済を必要とする人々の数は一八〇〇万人を数えたことがある。つまり軍閥の混乱が各地で生じていたというのである。

関東軍のほうが、技術的には軍閥よりも徴発の負担が軽く、経済発展も速く、それだけ経済的に恩恵を与えられ得る、蒙満領有は「日本のために必要なるのみならず、支那民衆の多数のためにも最も喜ぶべきものなり」と主張した。

こうした理屈が完全に的はずれというわけではない。マルクスとエンゲルスも、同じ発想でメキシコ戦争ではアメリカを支持した。民族主義を十分に評価していない帝国主義的な発想だ。だが、時代は変わっていた。チベット地区に入植し、インフラ整備で現地のチベット族も潤っているはずだという現在の中国政府と同じように、時代認識をまちがえていたのだ。

首相の若槻礼次郎は満州政権には関与しないとして、満州事変と国内のクーデターとが連動することは防いだ。

どうすればよいのか。民政党の安達謙蔵は、民生、政友の党派を超えて一致内閣をつくり、軍に対抗し国難にあたる以外にないと建言し、そのように進むはずだった。つまり、違反行為に賛成している大衆、軍を議会勢力で取り囲み、民意を正常なところにもっていこうとしたのである。

ところが、挙党体制が伝えられると関東軍がひるんだので、若槻は単独で臨むこととし、軍を内外から牽制しようとしてアメリカとの協力をしていくなかで、停戦の約束を確認する意味でアメリカ側がそのことに触れると、軍の機密を漏らした、統帥権干犯だとの批判が起こった。

こうして、内閣が犬養毅率いる政友会内閣に代わると、関東軍が満州の新政権の樹立を宣言し、これに昭和デモクラシーの担い手であるべき大衆、つまり民意が石原の行動に熱狂的な支持を与えた。この結果、もっと恐ろしいことが起きてしまった。軍の末端にいた石原の勝手な行為が、軍の上層部、そして統帥権をもつ天皇によって事後に認められ、既成事実化してしまったのだ。

先端に立った日本に手本はない。実験をし、そのなかのいいものを取り上げるという手続きをとる以外にない。昭和という時代を実験社会だとするならば、「満州事変」はそのロールモデルとなり、満州は実験社会の目玉となったのである。

満州問題を調査するために国連に設置されたリットン調査団の報告書は、日本の商工会議所などでは、中国の日本製品ボイコット策が不戦条約にいう武力によらざる敵対行為、つまり侵略行為であり、日本はその違反行為をやめさせるための「報償」（こらしめ）と見なしていると記述していた。それよりも時間が遡った時点の中支那派遣軍の文書にも、近衛文麿関係文書にも、討匪であるとか、国際不法行為をただす報償であるといった戦争認識が示されていた。国際協調路線のもとでの日本外交の一助として国連事務次長を務めていた新渡戸は帰国していたが、こうした立場をある程度認めていた。

安全保障面では、前述のように、対ソの抵抗線としての満州が想定されていた。これに対し財界、さらには庶民は、経済相互依存的な帝国主義を想定していた。日本は国内的にはイギリスを上回る鉄道網を完成し、工業でも当時の主要産業である綿織物では三〇年代に世界のトップに立っていた。中国への直接投資たる在華紡績の活動も活発化していた。

ところが、中国は日貨排斥運動を展開している。これに対し日本は、悪いのは、中国が日本の商行為の自由を国際的に約束しながら、それを守っていないことだというのである。日本が平和的な貿易立国をしていくためには市場がなくてはならないが、その市場がボイコットで存在を危うくされたとの解釈になる。

庶民や財界は、中国のボイコットに憤りを感じていたにすぎないという指摘である。国民は経済的利益を望むという長谷川如是閑の見方は、ある意味では、正しかった。しかし、中国がボイコットしているのは、まさに領土を侵略して国家の尊厳を傷つけているからだとの思いに至らなかったのだ。

❖物理的思考の帰結としての生存圏拡大

寺田寅彦は、「もし侏儒の閾があって、その体の固有振動周期がわれわれの一〇分の一であったとすれば、侏儒のダンスは目にもとまらぬ早業であるかもしれない。そのためにはそれに適する神経系や筋肉があり、また時間の感覚もわれわれと違い、われわれの一秒を一〇秒に感じるかもしれない。人生五〇年が彼らには五〇〇年と感ずるかもしれない」と書き残した。

この仮説への回答は『ゾウの時間、ネズミの時間』を著した本川達雄が示している。動物において時間は体長の四分の三乗に比例するというのである。

長さは空間の単位であるから、動物においては時間と空間はある一定の相関関係を保っていることになる。ヒトも動物である。日本では満州が生命線であると唱えられ、ドイツでは生存圏が唱えられた。このことが両国に共通感覚を生んだのではないかと感じられる。だが、日独の比較思想史に詳しい金沢大学教授の仲正昌樹は、偶然のことだろうと素っ気ない。

とはいえ、次のように見ることは許されるだろう。一七世紀の科学革命以後の世界は優れて物理の世界であった。物理を通して物事が見られると、自然との相関関係が無視された。つまり頭のなかを見つめ、とめどもなく思考のサイズを大きくしていくのである。日本は自己の生存圏を唱え始め、赤い夕陽の満州が頭のなかに映像となっていった。

夕陽の満州でとどまれば、それは空想でしかない。満州が日本とつながった時の経済的な関係、地理的なイメージまでを描いて見せたのは、東京日日新聞（現毎日新聞）記者だった鈴木茂三郎である。戦後左派社会党を率いた鈴木は、反戦の急先鋒を務めることになる。

だが、戦前の鈴木は環日本海地域を唱えて、日本海側の港の充実を訴えていた水先案内人の松尾小八郎を取材し、朝鮮北部の羅津と新潟、小名浜などの港がいかに近い距離にあるかをまず説いた。満州事変の起きた三一年には上越線が開通しており、東京と新潟が鉄道でつながっていたが、今後、大陸側で羅津が満州の地へ鉄道でつながっていけば、これらの港との間で陸海が一体となってネットワーク化し、交易、加工地として繁栄が約束されると予想して見せた。今日、中国が北朝鮮との間で構築しようとしているものだ。

やがて近衛のブレーンとなる東京帝国大学教授蝋山政道は、『日満関係の研究』を出版し、こうしたアジア・モンロー主義や日満経済ブロックで説明することを批判した。同著の上梓は、満州国を日本が単独承認したが、まだ国際連盟を脱退する前というタイミングである。

蝋山は、従来の国家対国家の枠組みで見る外交政策に対し、国家を超えたところで共通の利益を見出せる国際政治があり得るとの見方をするようになっていた。つまり、政治的な空白の著しい極東では、満州国独立以外に極東の平和確立の方法がないことが、もはや共通の利益になっていることを訴え、国際的な協調を図るべきだと論じた。

先に見たように、アジアではヨーロッパのように確固とした秩序が生まれていず、新生中国、ソ連を包摂した新秩序を試行錯誤のなかで形成していく過程であるとの主張である。日本の満州支配を厳しく非難していた北京大学教授の胡適も、日本が華北から撤退し停戦に応じるのであれば満州国の独立を承認してもよいと主張した。

❖石原莞爾と橘樸の理想国家満州国の建設

満州が昭和実験社会の目玉との意味は、満州国が「王道楽土・五族（日・満・漢・蒙・鮮）協和」をうたい、日本が掲げた八紘一宇の実践としての、民族共存の理想的な多民族国家を目指していたからである。先に新渡戸による、砂糖きび栽培など民生政策で台湾では成果を上げているとの見方もあったが、「満州国は朝鮮統治、台湾統治の反省として民族の対立があってはならない」というのが石原莞爾の信念で、民族秩序を優先する南次郎朝鮮総督にも抗議した。

こうした理想が掲げられた背景に、日中対等をうたう橘樸と石原の出会いがあった。橘は中国の長谷川如是閑といわれたように、ジャーナリストとして在満日本人のオピニオンリーダーといったところである。

石原が軍閥よりはマシな経営ができるといっていたのは、具体的には王道による自治と民族協和の大同社会（ユートピア）を建設し、大同の世の実現という目標を掲げることで中国に受け入れられると考えたからである。

一方、橘も急進化した孫文に熱い視線を送り、孫文の王道によるアジア統一を自分の手で実現したい思いに駆られたのだ。

橘は、当初は建国運動に参与した指導部が関東軍の指示で解散させられ、そのなかから自然に生まれた自治指導部に民族協和と農民自治を掲げる「協和会」ができると、その農民自治に賭けた。橘自身の考えている農民自治の組織原理は、要するに職業自治にほかならず、農業社会が工業社会へ移行を予定するなかで一貫性があるものを考えていたのである。

しかし、建国の五年間が終わるころには、産業社会構造も大きく変化した。農業でも入植者が加速的に増え始めた。日本からの入植者を受け入れ、農業改革を進めようとすれば、すでに農地の細分化が進んでいた満州では、地元民には不当な価格での収奪となる面もあった。五族協和をうたっていても、実際の争議の裁定では民族秩序とよばれる日本人、朝鮮人、満人といった順序にならざるを得ない面もあった。

建国の重点は、農業よりも工業化に移っていった。満州国の主設計者である石原莞爾は関東軍参謀として駐在していたが、ソ連にならって満州の産業を着実に高度化させることを提案し、松岡洋右満鉄総裁の了解のもと元満鉄調査部の宮崎正義を主査とする「日満財政経済研究会」を組織し、満州の飛躍のための政策を策定させた。そして研究会で練り上げた宮崎案を関係者に配布したが、過大な計画という反応だった。放漫財政といわれた馬場暎一蔵相でも、当初は首をたてにふらなかった。

だが折衝を重ねるうちに、大蔵・商工両省が承認し実施が決まった。農業政策などについては、日本の財政に頼ることなく満州国の財政から充当して進めるなど妥協することで承認されたのだ。当初の計画では過剰生産が懸念されたが、実施が始まった三七年には日華事変が起き、むしろ満州での増産が促される状況になったからでもある。

さらに、日本に帰り参謀本部の作戦課長になっていた石原が、航空機・自動車の生産を要請したのに対応して、さらなる重工業化が求められた。その結果、幹部従業員の反対はあったが、満州鉄道を改編して満州重工業開発会社を設立し、日産を招致する案が進められた。

この熱意に応え、日産コンツェルンの鮎川義介社長は、全社を丸ごと満州に移転させるという英断を下した。満鉄の改編に関しては、閣議決定後も満鉄従業員の抵抗はあったが、無事、満鉄の昭和製鋼所、満州炭鉱などを満州国に移譲し、満州国との合弁という形で満州重工業がスタートした。

航空機に関しては地理的にソ連に近すぎるため、生産量は抑制されたが、石炭・鉄という基礎資材から自動車・航空機の生産に至るまでの工業が満州の地に打ち建てられることになった。職を求めてではなく、満州に骨を埋めようという企業も生まれたのである。

この満州国の重化学工業化プロジェクトで活躍したのが秋丸次朗参謀である。のちに有澤広巳らを起用して日本が英米と戦ったときの経済力、持久力を値踏みする調査を指揮することになった。

関東軍経済参謀の秋丸の同僚に、橋田きみゑの甥で本多和雄の兄である不二雄がいる。士官学校出ではなく、京都大学の出身であった。橋田が満州に出張した時には出迎えに来ている。不二雄は「秋丸などとともに相変わらず石原莞爾のまねごとをしています」と語った。

橋田が北京、新京（満州国の首都、現長春）に出張したのは三八年のことだ。思い出を語る井上清恒によれば、生理学会が満州で開かれ、これに出席するためだったとしている。だが、満州の大会の記録は生理学会誌にもない。

橋田の北京への出張は日中文化交流の一環でもあるが、なぜ橋田が派遣され、どんな演題で話したのかはわかっていない。おそらく本多との関係もあり、四名の常任幹事のなかで橋田が希望して出張したのだろう。あるいは満州の分科会が橋田の出席を希望したとも考えられる。

井上の記憶違いで、出張の主眼は北京での日中交流の講演にあり、漢学、東洋医学にもくわしい橋田が選ばれた可能性もある。だが橋田はのちに不二雄の山西重工業創立支援をしていることから、満州建国を是とし主体的に動いたことは間違いない。

日本による満州の建国が進む一方で、日本の活動を突き崩す動きも活発化した。エドガー・スノーがその処女出版、『極東戦線』のなかでいわゆる「田中上奏文」をくわしく論じ、これが日本の中国侵略の計画書として独り歩きを始めたのだ。「田中上奏文」は、いうまでもなく、田中義一首相が二七年に天皇に対し上奏したとの想定で書かれた偽書である。ところが、中央大学教授の服部龍二によれば、先に触れたようにアジアの情報が希薄ななかで、この偽情報が中国やロシアでも、そして欧米ですら「真実」として流通し始めたというのである。

確かに満州の建国は石原たちの「実験社会」の試みの一つの結果でしかない。にもかかわらずそれなりにことが運んだのは、国家戦略があってのことではないかと考えられても不思議ではない。それに中国では、偽であっても、日本の侵略を言い募るには恰好の書であるとされた。日本では、「田中上奏文」は偽書として無視された。橋田は、満州における日本の権原となった日露戦争の古戦場めぐりもしている。旅順では二〇三高地も訪れ、慰霊塔にも参拝した。同行していた井上が、「多くの犠牲者を出したのは乃木希典大将の作戦が無策だったからだ」というと、橋田は「君、乃木将軍は二人のご子息を亡くされているのだ。それでもよい策を考えなかったというのかい。よく調べもせずに軽々にものをいうべきではないよ」と言葉を荒らげた。

2 テロに屈した昭和デモクラシー

❖昭和デモクラシーで多発するテロ

「暴力、暴力装置は国家が独占すべき」というルールは日本国内でも破られていた。二一年に朝日平吾という庶民によって、安田財閥の安田善次郎が殺される事件が起きたのである。この事件が新しいタイプのテロだと最初に気づいたのは、大正デモクラシーの旗手、吉野作造であった。

なぜテロなのか。一つの仮説として、「働きさえすれば食える」社会が生まれてこないというらだち、憤りのぶつけどころ探しで、過激化したのではないか。

大正デモクラシーにおける「民本主義」は、一部エリートのためのものだった。そのため、議会では汲み上げられることのない声は、明治末から大正にかけて労働組合のゼネスト、コメ騒動のような形ではけ口を見つけていた。そして「大正デモクラシー」が「昭和デモクラシー」に変わり、議会には都会の庶民の声も届けられるようになった。

にもかかわらず、議会政治が問題を解決してくれるのはわずかであり、さらに民衆の運動が過激化することを警戒し、新聞紙条例や治安警察法によって、過激な言動はあらかじめ封じられてしまった。

大逆事件で拘留された幸徳秋水は、「直接行動を暴力革命とか暴力的テロと同義とするのは誤りだ。ただ議会にお頼み申しても埒があかないので直接に運動しようといっているだけだ」と陳述書で述べている。大逆事件は、社会主義者に踏み絵を踏ませるものとなり、過激な言動の受け皿は消滅してしまった。そこで弱体化した「極左」に代わる「極右」のテロを生み出すことになった。つまり、憤りを爆発させたいとの共通性があるという仮説になる。

いずれにせよ、新しいタイプのテロは、昭和になって猖獗をきわめた。三二年に起きたのが井上日召に率いられた、「私利私欲のみに没頭し、国防を軽視し、国利民福を思わない極悪人」と名指しして一人一殺を標榜した「血盟団」による連続テロ事件である。

国際資本と結んでいるとして二月には前蔵相の井上準之助が暗殺された。マサチューセッツ工科大学（ＭＩＴ）で鉱山学を学び国の炭鉱が払い下げられて三井入りし、三井合名の総理事になっていた團琢磨も三月に犠牲者となった。

その年の五月一五日には、海軍将校、陸軍士官候補生、農村青年など三〇余名が首相官邸、内大臣邸、政友会本部などを襲い、若槻の後を襲った犬養毅首相を射殺し、内大臣邸では警備の警官、居合わせた新聞記者などに重傷を負わせた「五・一五事件」が起きた。彼らは満州の建国に反対する政府首脳などに不満をもちクーデターを行ったことは、先述の満州事変に国内で時間差呼応したと見ることができる。

犬養は孫文の友人でもあり、軍部が中国大陸で侵略を進めるのに反対していた。事件の真の首謀者の一人とされる橘孝三郎は「農業こそ真の人間らしい生活の場だ」と主張する素朴な農本主義者だった。だが、農村の窮状に決起もやむを得ないと考えるようになると、海軍将校たちが集まり、その集団を率いて事件を引き起こしたのである。

「格差」の問題を解決できるのは天皇であり、「天皇は赤子たちの苦労を知り、是正しようとの意思をもっている」というのが彼らの前提である。そして天皇の意思の遂行を妨げているのが奸臣であり、高級官僚であり、財閥であるので、邪魔をしている者を取り除けば天皇親政によって、よい世の中が生まれるとの期待があった。

もちろん、社会の仕組みは、そのような単純なものではない。血盟団による連続テロ、五・一五事件のほとぼりから二年を経て、確かにテロの恐怖は薄らいだ。だが、恐怖、緊張が緩和したことによって、皆が勝手なことを言い出す懸念も生まれていた。

❖民意を得ようと競い合う政党と軍

昭和デモクラシーの演者である政党も、三六年に行われることになっていた第二回の普通選挙で、政権をどう執るかが大きな軸となっていた。満州事変による動揺も収まったことから議会対軍という緊張関係も薄れ、党利が優先される元の状態にもどっていたのだ。海軍出身の岡田啓介が組閣にあたって最大政党である政友会を排除したのも、民政党の思惑のためだ。

岡田内閣は、内閣中心の政治機構を強化すべく、三五年、国策立案のために「内閣調査局」を、その審議のために「内閣審議会」を設置した。岡田内閣を支える政党としての民政党はこれを最大限に活かして、今後の政友会との争いで有利な立場を確立しようとしたのである。

国内情勢に一種のなぎをもたらしたのは、中国で休戦があったからである。「塘沽停戦体制」は平和をもたらしたが、一方で束の間の平和であるとの認識も強かった。陸軍は三四年に突然、「国防パンフレット」を配布して国民を驚かせた。

だが、政党も軍も自己の影響力を確保するのに懸命で、各組織が自己の利益を求めて、合従連衡が行われた。

内閣調査局には、陸軍軍務局長の永田鉄山も興味を示した。陸軍統制派にとって、この内閣強化という枠組みは政党、議会の圧力をバイパスし得る点で好都合であったからだ。また第一次大戦の総力戦の分析から、経済力の充実こそが国防の第一義的な重要性をもっているとの認識を強めていたからでもある。両者は協力を図っていくことを約した。

この永田に近づいたのが、三二年に古きリベラリズムを踏襲する既成政党の政友会と民政党に割って入った新しい政党「社会大衆党」である。当時のジャーナリスト、例えば阿部真之助も社会大衆党は右翼であるかのようだと批判した。

こうした特殊ともいえる関係が成り立ったのは、実践的な妥協だったからである。つまり、この社会大衆党と、右と見られた軍とが近づいたのは、先に見た格差への怒りへの反応であった。この点を見逃しがちである。当時のジャーナリスト、長谷川如是閑は、海軍出身でイギリスを知る岡田が社会大衆党を包摂しようとしたことを評価した。破壊と建設を同時に進めるべきだという如是閑は、イギリスの労働党、そして日本の社会大衆党に期待を寄せた。実践的な妥協は、決して特殊ではないというのだ。

社会大衆党の党首を務めた麻生久は「国防パンフレット」を支持したという一点のために、戦後史観では軍隊寄り姿勢として切り捨てられた。だが、最近の研究では、対外的な戦争と国内改革の遂行が「強制的均質化」をもたらし、労働者・農民の生活向上を求める階級政党にとって、ある意味で合理的な判断であったと評価されるようになった。

政争をよそに、一般大衆の疑念もふかまっていた。満州国の大業が成功し、日本の生命線が確保され、五族協和の大理想に向かって着々と歩を進めていると聞かされていた。そうであれば、なぜ今国防の本義とその強化をうたい、国内の機構改革なのかと国民はいぶかったのである。何かことを構えようとしているのか、国民が不審に思ったのも無理はない。

慈恵医大教授の浦本政三郎が橋田の研究室を訪ねてきた。「戦争が起こるという話がありますね。いくさ（一九三）しごろ（四・五・六）ってね」。ちょっと考えた橋田が答えた。「西暦の語呂合わせだね。いささか不謹慎なブラックユーモアだが、いったもんだね」。

そこへ講師だった若林勳が「浦本先生も橋田先生も尺八を吹く風流人、世間知らずと思っていましたが」といったので、教室の皆がわっと沸いた。そして笑い声のうちにも、戦争の危機が底流で起こり始めていることが意識された。「いくさしごろ」というのは、海軍が唱えた「一九三五、六年危機説」のことを研究員たちは知っていたからである。若い研究員にも出征の可能性があると。

橋田の教室の研究員たちが、三六年二月の総選挙でどのような投票行動をしたのかは知られていないが、赤紙が来て研究ができなくなることは誰もが避けたがっていた。橋田には研究員に研究を続けさせたいとの強い思いがあった。

選挙の焦点は、政友会を排除しようとしてきた民政党の成果であり、その盟友となった社会大衆党の動向である。政友会は七一議席を失って一七一議席となり、逆に民政党は七八議席増やし二〇五議席を確保した。社会大衆党は一八議席を獲得した。これに無所属を加えれば二二議席になる。

坂野潤治は、反ファシスト勢力が半分近くを占めたこの総選挙の結果について、「民意」は戦争続行に反対していたと見る。半藤一利や加藤陽子が「民意」は常に戦争を望んでいたかのようにいっているのは当たらないというのだ。

❖民意を覆した二・二六事件

戦争続行反対という潮流を妨げる要因は、総選挙のわずか六日後に起きた「二・二六事件」である。事件のために「民意」はかきけされてしまったのだ。これは、野中四郎大尉、安藤輝三大尉、栗原安秀中尉ら現役陸軍将校二〇名に率いられる八個中隊、一五〇〇名近い兵士によって引き起こされた、天皇をいただいて国家改造を求めるクーデターである。

首相官邸、皇居、内大臣私邸、侍従長官邸、陸軍大臣官邸、陸軍省、参謀本部、教育総監私邸、警視庁、朝日新聞社などの襲撃・占領を目指し、未明に青山から出陣した。そして、誤認によって岡田啓介首相の殺害はできなかったものの、斎藤実内大臣、渡辺錠太郎陸軍教育総監らを惨殺し、鈴木貫太郎侍従長に重傷を負わせ、首相官邸、陸軍省、警視庁などを占拠した。青山からの通り道にあった蔵相私邸も襲い、高橋是清も殺害した。

高橋は、浜口内閣の井上による緊縮財政、金解禁による経済の不調を救い、今流にいえばケインズ政策をもって日本経済を活性化させた立役者である。井上の政策は、ケインズ政策を是と見る立場からは大失敗と見られがちだが、必ずしも失政とはいえない。窒素肥料や航空機など新産業を発展させ、日本の産業の新陳代謝を促したからである。緊縮財政のあとであったたからこそ、高橋のケインズ政策が効果的だったともいえる。

経済を安定させたことで信頼を得た高橋は、その後も請われるままに歴代内閣で蔵相を続けていた。そして岡田内閣になった時には、デフレ克服はほぼ終わり、逆にインフレ懸念に対処する必要が出てきたとして、公債漸減主義に転じていた。

高橋蔵相のもとで、軍の膨張的な予算要求を厳しく査定していたのは軍人以上に内外の兵器・軍備にくわしい賀屋興宣主計局長だ。この高橋財政は軍への出費を抑えにかかっていると して、決起将校たちはこれを敵とみなしたのである。


こうしてクーデターは首都を揺るがす大事件となった。しかし、肝心の皇居の占領は顔見知りの皇居警備隊の威圧の前に、中橋基明中尉があっさり踵を返し、占領できなかった。この段階で慶応三(一八六七)年に大久保利通、岩倉具視らが起こした「天皇を奉じた」クーデターの遂行という算段は非常に困難になった。つまり、中橋が宮城内から雪の二重橋を一人でよろけるように渡って去った時、二・二六の決行そのものの崩壊が始まっていたのだ。

それでも彼らは陸軍省にたてこもり、皇道派主導つまり「陸軍大将真崎甚三郎を首班とする内閣をつくれ」などと、四日間にわたって要求を繰り返した。クーデター軍への同情が陸軍内外に強くあったからである。娘婿の山口一太郎大尉がクーデターに参加していた前関東軍司令官・侍従武官長の本庄繁も、国を思う気持ちを理解してほしいと天皇に要請する始末であった。

二・二六事件では天皇は断固たる言動を示し、やっと反乱は反乱と認められた。国家による暴力独占への挑戦は退けられたのである。文字どおりの親政天皇が、自らの命、そして日本を救ったのである。逆にいえば、軍はもとより議会や内閣が機能しなかったのだ。

張作霖爆破事件では、事件の処理をうやむやにしようとした田中首相は天皇の叱責に悶死した。これに対し本庄は、昭和天皇から厳しい叱責を受けながら、事件で待命にはなったが傷病兵保護院総裁などを務めており、自ら命を絶ったのは終戦でGHQから逮捕状が出た時である。

❖テロの裏側に北一輝のラジカルな民主主義

二・二六事件の首謀者たちにとってバイブル的存在なのが、北一輝の『国家改造案大綱』とされる。事件のあとに行われた軍事法廷でも、直接の参加者でなかった北に死刑の判決が下されている。北には『支那革命外史』の著書もあり、もともとアジア・モンロー主義者として知られた存在だった。辛亥革命が起こると直ちに中国に渡り、かねてから知っていた宋教仁などを支援した行動派であり、自らも革命家であった。

北が辛亥革命の真のリーダーと見た宋は議会主義者であり、現に議会勢力をうまく使いこなそうとしていた。北の所論は「日本は中国の独立を助け、その独立した中国と連携して、中国はロシアを、日本はイギリスをアジアから駆逐してインドを独立させるなど、アジアをアジア人の手のうちに置くべきだ」というものだ。

しかし、その後の日本政府の政策は、中国との連携を探るというよりも、欧米列強との協調のなかで中国を侵略するものであった。そして「五・四運動」が明確に日本を標的にしていることがわかると、北の危機感は極度に達した。中国政策を変えるには日本国内を変える以外にないとの思いで着手したのが『国家改造案原理大綱』で、これを改題して出版したのである。


北は天皇大権でまず憲法を停止し、国家を改造せよと主張する。国家総動員の帰結として産業力を一歩一歩つけていこうと考えた永田に対し、こちらは「革命」である。天皇は憲法を停止し、財産を国に返還したあとは、普通選挙で選ばれた「国民改造会議」と選ばれた政府に具体的な改造策の策定、実行を移すことになる。

天皇制のもとで、なおかつ民意を追求していくとすれば、北にとって、その両者を統合するには天皇を傀儡、つまり象徴天皇とする以外に考えられなかったのである。

その後、どうするのか。北の考えでは、資本主義経済は存続するが、徹底した平等主義をこれに盛り込む。新聞紙条例など政府が個人を規制する法律は全廃し、役人が個人の自由、人権を蹂躙すれば実刑で処罰されるというものだ。

内に向かって唱えたものは、右翼思想というよりも「ラジカルな民主主義」ともいえる。北は、外に向かってはすでに「アジア・モンロー主義」を唱えており、内外一体の改革を呼びかけたことになる。

外での革命、満州事変をリードした石原莞爾は参謀本部にいたが、事件が起きた早い段階でこれを反乱と断定した。天皇は石原のことを不思議な男だといっている。それは、おそらく内外の革命を連動させなかったことを指しているのではあるまい。満州事変では自分で統帥権を犯しながら、他がそれをしたならば干犯していると断定したことを指していると思われる。

天皇は、自分を護るべき侍従武官長の本庄までもが反乱軍に同情を示すなかで、反乱軍を収めるために陸軍統制派に主導権を渡し、その力を借りなくてはならなかった。陸軍の内部抗争のなかでゼネラリストの永田鉄山という逸材が狂信的な皇道派によって殺害されていた。これらが天皇のその後の選択肢を狭めていく。

❖橋田が提唱した「科学立国日本」

二・二六事件のあとの収拾の役割を担ったのが、廣田弘毅内閣である。クーデターが農村の窮乏をとがめ国家改造を求めていたのに、天皇はなぜ外務省出身の廣田を選んだのだろうか。

当時最高の外交評論家とみなされていた清沢洌は、中国政府との和平など「国際関係に鑑みて、この事態を担当するに外交家出身者をもってこれにあてた方がいいという風に思召されて」廣田を起用し、それを国民が奇異に感じなかったことに注目した。つまり、国体は脆弱といわれながらも、クーデターを許さないだけのものがあり、日本の最大の危機が外交問題にあると国民は直感したというのである（「二・二六事件一周年」「改造」一九三七年二月号）。

確かに清沢の論評は、『清沢洌』を上梓した北岡伸一が指摘しているように、鋭いものがある。しかし、この場合、清沢は廣田内閣の組閣参謀が自らを外相に想定した吉田茂であったことを十分に吟味しなかったのではないか。つまり、元老・吉田など〝穏健派〟が事件を起こした陸軍が多少とも恐縮し、大英帝国と国家間の利害調整外交ともいうべき〝協調外交〟を受け入れる期待をもっていた可能性である。

ところが、組織防衛に走った陸軍は「吉田外相」を一蹴し、猛然と廣田組閣に干渉してくる。弱体でスタートする廣田内閣には別の心配も生まれた。天皇は廣田を推薦した西園寺に、「廣田は名門の出ではない。それで大丈夫か」と尋ね、廣田にも直接「財界に急激な変動を与えることのないように、名門を崩すことのないように」と、天皇をとりまく権力構造に脅威と映るような政策をとるなと釘を差した。

日本の都市と農村の利害関係は、それほど危ういものだったのである。農村の窮状を救おうと若手将校が立ち上がったことに関しては、天皇の母、貞明皇大后までもが同情を寄せ、事件の背景に理解を示したという。

貧富の格差を是正するには農村の力を増すか、工業力を高め農村を底上げするしかない。当時の農村は人口の六割を占める。廣田政権には、現代のタイでタクシン政権が行ったように、農村に財政資金をばらまき食料価格を引き上げる政策を用い、普通選挙制度を利用して農村票をバックに、青年将校ばりの昭和デモクラシーを展開するという選択肢がなかったわけではない。そうした形で権力を掌握すれば、普通選挙を導入した日本国憲法の下で正統性をもつわけである。

タイでは、選挙で政権を得たタクシンを、王室がバックアップしてクーデターによって排除したが、それによりタイの王室は正統性を失った。その後も、軍と王室は同じことを繰り返し、現在のプラユット暫定政権があるわけだが、昭和天皇はこうした事態だけは避けておきたいと考えたのである。

逆にいえば、二・二六事件後の農村の窮状への同情ぶりを見ると、玄洋社をバックに学校教育、官僚制という階段で昇ってきた廣田に、そうした可能性を排除できないと天皇は見たのであろう。廣田は、加藤高明外務大臣の勧めた三菱財閥令嬢との結婚を断り、玄洋社幹部の娘で廣田たちの下宿の世話をしていた静子と結婚している。

日本の工業力は低く、ことに多くを低賃金に依存していた日本商工会議所による勢力は、食料価格の上昇が低賃金構造を脅かすものだと見ていた。天皇はそうした構造問題に手をつけるなといったことになる。廣田は天皇の信認がないのかと疑い、自分は五〇年早く生まれすぎたような気がすると語ったという。

こうした視点で廣田内閣の性格を見ると、日本勧業銀行総裁の馬場暎一を蔵相に起用したことがポイントになる。タクシンの農村政策ほどではないが、農村、そして軍への最大の目配りをするものであったからだ。

馬場は東大法学部を卒業し高等文官試験をトップで大蔵省に採用された秀才で、貧しい家庭の出身ではあったが、井上財政を支持するなど必ずしも財政出動派ではなかった。

しかし、九年にわたり勧銀総裁を務める間に、金解禁後の不況による農村部の疲弊を目にし、満州事変後の日本の国防危機、娘を売り飛ばさなくてはならないことに象徴される農村の窮状を救うには、財政を拡大する以外にないと考えるようになっていた。賀屋主計局長も更迭した。

これは、公債漸減主義をとっていた高橋財政の放棄であり、その高橋を殺戮した青年将校たちの思いに沿う政策にほかならない。同じ庶民出身の高橋是清が金持ちの贅沢な消費も今でいう乗数効果で景気に貢献すると解釈したのに対し、庶民派エコノミスト高橋亀吉は、資本の食い潰しと見た。デフレによって遊休資産が生まれ、それが庶民の職を奪っていると見ていたのである。高橋亀吉は当然のごとく、軍拡を含む膨張財政の馬場財政にエールを送った。高橋亀吉が陸軍おかかえのエコノミストといわれたゆえんである。

廣田内閣は短命に終わった。通常、廣田内閣は陸海軍大臣現役制を決めただけで、陸軍との確執で崩壊したという具合に説明されてきた。

だが天皇の視点から廣田内閣の崩壊の過程を見ると、馬場財政が命取りだったのではないか。つまり、馬場が軍事費を大幅に増額した予算案を決めると、商社が原材料の需要増を見込み、一斉に輸入注文を出したために円の為替レートが下落して、輸入物資が高騰するなど経済混乱を招いたのだ。デフレ脱却のはずが跛行型のインフレになった。高橋是清の杞憂が杞憂ではなかったことになる。

事実、廣田は、自分が内閣を投げ出した真の理由は、馬場財政のあおりで外国為替事情など経済情勢が悪化したためで、浜田国松の演説で寺内寿一陸相が起こした混乱は口実にすぎないと、賀屋興宣に述懐している。馬場財政が命取りだったというのである。


さて、東京で起きた二・二六事件の時、橋田たちはどんな思いで事件を見ていたのか。その衝撃が大きなものであったことは間違いない。そのころ橋田の名補佐役であった山極は斎藤彌知と結婚し、夫婦でケンブリッジ大学に留学中で、留守宅には彌知の姉の子供たちがいた。序章で紹介した北見に住む吉田角次の子供たちである。

吉田の長男の敬一は中学に通っていて、荻窪駅まで歩いて出ると人だかりが見えた。戒厳令が出て電車が動いていなかったのである。子供たちばかりでは心もとないので、祖母が生活をともにしていたが、ほんの近くの渡辺錠太郎陸軍教育総監邸が襲われたことを知り、一家は不安な気持ちで過ごした。渡辺の次女でノートルダム清心学園理事長を務めた渡辺和子は当時九歳で、機関銃で父が殺害されるのを座卓の陰から見ていたという。

橋田は、何を考えたのだろう。橋田が嫌っていた、少なくとも好感をもっていなかったとされる河合栄治郎から、そこをあぶりだしてみよう。

河合は「帝国大学新聞」への寄稿で、五・一五事件以来のファシズムは軍部ファシズムにほかならないと舌鋒鋭く軍部批判を展開した。すなわち、軍が国防という与えられた任務以上のことに注文があれば、言論ですべきだと事件を厳しく糾弾し、千数百名の将兵が起こした勅命違反の行動を阻止しなかった軍首脳も責任をとるべきだと、その非をただしたのである。軍には責任を感じる体質はまったくなかったのだ。

そして、河合は返す刀で、暴力を前に沈黙を守っていた知識人に対し、「この〈暴〉力の前にいかにわれわれの無力なることよ。だがこの無力感のなかには、暗に暴力讃美の危険なる心理が潜んでいる。そしてこれこそファシズムを醸成する温床である」と挑発し、廣田内閣が二・二六事件の将校たちの要求に応えた内閣であったことを指摘した。

では、橋田は知識人としてこの挑発にどう応えたのか。橋田の回答は「科学立国日本」の提唱であった。庶民派エコノミスト高橋亀吉が直ちに効果のある大規模な膨張財政を唱えたのに対し、少し先を見据えていたことになる。

事件のほとぼりの冷めない四月に開かれた第一七回大日本生理学会で、橋田は事前の議題になかった「科学立国」を緊急提言している。同じく常任幹事だった浦本政三郎、戸塚武彦との共同発案である。基礎医学を志したのは、「現在の病人を治すのではなく、生まれ来る人たちに恩恵を及ぼし得る基礎的な研究をしたいからである」という自分の原点に帰るものだった。

これが橋田の出した二・二六事件に接しての回答だったとすれば、その関心は事件そのものよりも、青年将校たちの憂えた農村の窮乏、その背景にある日本産業の底の浅さにあったことになる。

これに対し、河合の軍批判は正論ではある。だが、事件の背景となっている原因をなくすための提言にはなっておらず、現象の批判にとどまる。橋田と河合では天皇との距離の取り方が大きく違い、これらの点が両者のそりが合わない原因と考えられるが、橋田から見ると原因と結果・現象とを取り違えた批判の展開になっていることにも、もどかしさを感じていたのではないか。

当時、栄養研究所、労働研究所など単発で応用的な研究所はあった。だが農村人口の体力を向上させ、国力を高めるためには、もっと基礎的な研究まで遡り、かつ総合的に生命科学を研究する必要があるので、そうした目的のため国立の総合生物科学研究所を設立せよとの意見を生理学会で述べた。

その問題提起を協議した評議会では、浦本政三郎が用意したペーパーを配り、橋田が説明した。橋田が浦本を起用したのは、浦本が医学・基礎生物学から言語、宗教、政治までほとんどの文化事業を生命的に総括する「生活科学」を構想するなどアイデアマンだったからだ。

ただ評議員からは多くの意見が出て、結局、重大な問題提起であり、時宜にかなった提言ではあるが、もう少し提案を練り、それをもう一度評議会で議論した上で、ということになった。橋田はオリジナルメンバーで提言書をまとめるが、生理学会の名での提言書という言質を取りつけた。

橋田はこの提案書をもって三六年に時の首相廣田弘毅のところに出かけ、生命科学関連の総合生物科学研究所をつくるように掛け合った。お供をしたのは、のちに新潟大学学長になった松田勝一である。松田でアポが取れたということは、橋田はすでに潮恵之輔文部大臣には面会しており、首相にもという約束を取りつけていたのであろう。

提言書は残されていない。松田によれば、日本は国力を高めなければならないが、それには科学振興が必須であり、科学の研究・教育がいかに大切かを橋田はかなり熱く語った。だが、首相は「なるほどそうか」と聞く姿勢に終始していて、すぐに動く気配はなかった。

生命科学の研究所ができるには、橋田の弟子である勝木保次が奔走して岡崎に総合生物研究機構（現自然科学研究機構）ができる戦後を待たなくてはならなかった。

3 熱狂的に迎えられた近衛首相

❖危うい近衛流「民意」の政治

廣田内閣のあとを継いだのは陸軍出身の林銑十郎である。だが、石原莞爾らが奔走して生まれた林内閣は、ほとんど意味のない解散をした。政党人を含まない内閣が選挙で問うものがあるとは考えられないからである。

三七年の総選挙で、麻生久は社会大衆党を率いて、三六名が当選を果たしていた。この成果は、社会民主主義者の河合栄治郎が「中央公論」(三七年六月号)誌上に書き記したところによれば、「同党の躍進は日本政治史上において特筆すべき重大な事実であった」。先に見た長谷川如是閑の評の二番煎じである。

当時リベラリストの代表格であった河合は、東大の経済学部長をやめたばかりで、理想としてイギリスで始まった民主社会主義を考えていたようである。

研究者たちは今も林内閣に可能性を見るが、意味のない選挙をした林内閣は倒れるべくして倒れた。そして、まだ日本では社会大衆党に出番はなかったのである。

満を持して出てきたのが、勢いをつけてきた軍との関係を正常化することを模索してきた近衛文麿である。それは大衆の人気にのっての登場でもあった。つまり、近衛内閣が生まれた時、老いも若きも、男も女も熱狂した。メディアの人気である。菊池寛も「近来暗鬱な気分になっていたわれわれインテリ階級に、ある程度の明るさを与えてくれた」と書き記し、近年低下していた大臣の質を上げ、文化日本の首相らしい言動に期待した。

だが、如是閑は次のように批判し、近衛のポピュリズム的な傾向に大いなる懸念を示した。

「大衆の直感は時に正しく、時に誤るが、いかに正しい直感でも『方法』をもたない政治家がそれに踊るのは危険である。それは火薬をもたない軍隊のようなもので、戦いを夢見ることはできても、戦いを戦うことはできない。わが国の政党政治家がそれにあたる。それであるなら、大衆の直感にあおられて興奮する機会をめったに与えられなかった、明治の官僚政治家のようなものが安全である」

直接近衛を名指ししてはいないが、該当する論評である。

❖日支事変に意義を見出した和辻哲郎

近衛内閣が発足すると、すぐに「盧溝橋事件」が起きたが、停戦協定が結ばれ収束に向かっていた。事実、在天津の橋本群参謀長も出兵はおろか出兵の決定すら中国を刺激し全面戦争になりかねないと、この休戦協定を軍中央が尊重するように動き回り、「現地で休戦協定の見込み」と打電もしていた。

しかし閣議では、三個師団の増派が決定されようとしていた。関東軍参謀長の東條英機、武藤章作戦課長ら統制派の若手が、杉山元陸軍大臣に掛け合い、近衛内閣に増派させようとしたのである。参謀本部で事件を収拾しようとした石原らを「満州派の腰ぬけ」と冷笑し、林内閣がつぶれた以上、参謀本部の多田駿次長、石原作戦部長らを恐れる必要なしと追い落としにかかったのである。

これが単なる内部抗争ですめば、それだけのことで終わった。だが、東條たちは一撃を加えれば中国は降参するとの考えを上奏した。杉山たち上層部も現場を知る課長クラスがいってくることを聞き入れるのが大物という慣習もあって、その提案を受け入れた。中国はなお軍閥割拠の時代であるという感覚でいて、ナショナリズムが高揚し軍事抵抗を強めてきたことがわかっていなかったのである。

これは陸軍としての事実上の決定である。現地の情勢を知る外務省の石射猪太郎東亜局長は、五相会議で廣田外相が増派反対をぶつことだけが破綻を防ぐ唯一の方法であると確信し、廣田を説得して会議に送り出した。五相会議とは、閣内協議ではあるが内閣と軍による事実上の最高意思決定機関である。

ところが、廣田はすごすごと帰ってきた。「現地居留民の保護と現地軍の自衛に必要な時には」と条件がつけられていたため、原則論だからといって誰も反対できなかったというのである。中国ナショナリズムに対応したはずの廣田も、そのことを言い張れず、また軍に口をはさめなかったわけで、万事休すである。

石射は、このころから廣田が昔の廣田ではなくなって、生彩を欠くようになったと見ている。近衛は、大衆人気だけでなく、軍部にも押されて組閣したにもかかわらず、足元をすくわれたともいえる。近衛は力をもっている軍も「分裂していて誰が主導権をもっているのかわからない」と困惑し、「政治の力、いかにも無力」と嘆いた。石射は、近衛にも失望した。

蔣介石は三個師団の派遣を決めた日本に、「われわれに犠牲と抗議あるのみ」と応じた。「自分たちは弱国ではあるが、広大な領土と人口をもつ五〇〇〇年の歴史ある国である。傀儡組織をつくるといった分派行動なしに徹底抗戦をすれば、人口も少ない、歴史もない日本ごときに滅ばされるわけがない」と一致団結を説き、国民を鼓舞することを忘れなかった。

こうした蔣介石の「支那事変に対する宣言」を現地新聞からの訳文として載せた「改造」の三七年九月号は、別の記事も問題となったこともあって、発売禁止になった。

日本の出兵、中国の徹底抗戦。このため「盧溝橋事件」は「北支事変」「支那事変」へと拡大し泥沼化していくことになる。満州事変では支那をこらしめるためと言い逃れができたが、支那事変は明らかに戦争へと様相を変えてきていた。

団結へと動く中国に対抗していくためには日本の側でも団結を訴えなくてはならない。近衛は三七年九月に官民を挙げての国民精神総動員運動、略して精動を開始した。健全な精神は健全な肉体に宿る。文部省はその一〇月には体育運動審議会を開催し、盧溝橋事件で一時は返上論も盛んになった東京オリンピック大会の準備が始められた。

三八年初めには厚生省も創設され、その初代大臣には文部大臣として起用された木戸幸一が横滑りで任命された。健康週間の初日、日比谷公会堂で開かれた体力向上大講演会に、木戸大臣の後に登場したのが陸軍省医務局長の小泉親彦であった。木戸は小泉に好感を覚えた。

小泉は東大医学部の出身の軍医で、結核予防に腕をふるい、第一次近衛内閣の厚生省の設置に関し、軍側から設置に尽力した実務者である。結核予防法自体は一九年に成立していたが、小泉は三二年に近衛師団軍医部長になり、陸軍で初めてBCG接種を実施するなどして、欧米に倍する罹患率をもつ結核の予防に効果を上げるなど先駆的な人物として知られた。そして徴兵検査などで体格が悪い者は子供の時に結核を放置したり栄養状態が悪かったりするためで、予防医学が必要と考え、三四年に陸軍軍医総監（陸軍中将相当官）に就任後は厚生省の創設に動いた。厚生省の誕生後も、陸軍省医務局長として国民精神総動員運動（精動）にも力を入れていた。

日本近現代史の泰斗、学習院大学学長の井上寿一は、『理想だらけの戦時下日本』の中で、この精動という政府の運動を含め戦前の運動はいずれも、下方平準化を求めるものであったと指摘している。つまり先に見た「国防パンフレット」の目指した「強制的均質化」とは、戦争が社会を平準化する期待だったというのである。それは二・二六事件にかかわった青年将校なども同じということになる。

では、先の橋田の科学立国の提言は、どんな位置づけになるだろう。私は思い切って井上を学習院大学の学長室に訪ね、教えを乞うた。

「科学立国の提言ですか。初めて聞きます。科学の力でもってまず国力を増進するというのは、確かに上方平準化を目指していたことになりますね。戦前期昭和史の研究はいろいろと行われてきましたが一定の枠を超えることはありませんでした。科学者、医者という橋田邦彦、小泉親彦といった人物を取り上げ深掘りすることで、戦前期昭和史に新しい視点がもたらされる期待ができますね」

私は井上の率直で好意的なコメントに驚き、大いに励ましを得たような気がした。井上は、確かに科学は戦争ではなく平和を志向しているが、結核予防による人生五〇年への挑戦、厚生省設立といった動きが戦争という非常事態によって炙り出されたことに戦前期昭和の特色があるかもしれないと付け加えた。

事後的には「日中戦争」と命名されることになる事態を、当時の人はどう受け止めたのか。和辻哲郎は、次のように述べ、事変の世界史的意義を指摘した。「日本は近代の文明にあって特殊な地位にある国である。日本はその特殊な地位ゆえに一〇億の東洋人の自由を守るという悲壮な運命を背負う任務を負っている。今時の事変がその時である可能性がある」

資本主義経済のもとでは、格差を生み、自由や平等感は生まれない。では、いかにして自由を守るのか。いかにして日本を世界史的な役割を果たせる国にすることができるのか。

和辻は「倫理学」の理論構築に取り組み、みだれた人倫をただすことに鍵があると考えた。そこで追求されたのは、世界に向かって孤独である人間、国家がどのようにして「構造的契機」をもつかということだった。

そして「個人は全体への没入によって真に個人を活かす。かかる態度の生起する場所は、共同社会であって利益社会ではない」との将来展望をもって、魂心の力を込めて『倫理学』を執筆していく。その上・中・下巻は、ちょうど第二次世界大戦の前期・中期・後期にあたり、当時の日本の精神史でもある。

蝋山政道は盧溝橋事件が起きた翌月に、「支那事変の背景と東亜政局の安定点」を書いた。そこで蝋山は、盧溝橋事件を、辛亥革命、ロシア革命を経た中華民国、ソ連という国家が登場し、そのインパクトが顕在化し始めたことに対して列強が干渉し始めたことによって起こった不安定の一つの証左であると見ている。不安定であるとすればワシントン条約のもとでの協調はうまくいかず、後発資本主義国である日本は国家発展のために「自衛的――攻撃的」という両面の性格をもたざるを得なくなったと見たのである。

河合栄治郎も「日支問題論」を書き、アジア・モンロー主義や経済ブロック論などに反対する一方、満州国の独立、日本の満州利権の正当性を説き、その権利をブロックしようとする中国は日本国民個々人の「人格の成長」を妨げていると論じた。個人の人格の成長を妨げるという点で、河合の批判は右の軍国主義、ファシズム、そして左の共産主義に向かった。

近衛の政策ブレーン組織「昭和研究会」は有名である。一高、京大を通じての友人で、近衛が日本青年館の理事長になった時にも助けた後藤隆之助が、三三年に青年館をやめてつくった組織である。近衛と後藤は、初め河合に主宰するよう依頼したが断られた。代わって河合が推薦したのが蝋山である。蝋山が近衛のアメリカ行きに同道したのも、この線からである。

常務委員には、三木清、東畑精一、田島道治、高橋亀吉などがいる。「東洋経済新報」の三浦銕太郎、理化学研究所の大河内正敏、農業問題の石黒忠篤なども委員に名を連ねた。のちには、中山伊知郎、矢部貞治、高木八尺、風見章、佐々弘雄、笠信太郎、尾崎秀実などに、稲葉修三、勝俣清一など企画院グループも加わり、なかなかの人脈を囲い込んでいた。

だが研究会には、右翼から「赤」の巣窟との批判がつきまとった。事実、このなかからゾルゲ事件で尾崎が、企画院事件では稲葉らが検挙され、のちに近衛の「赤」恐怖症につながった。

では、和辻のいう世界史的な意義をもつ現実の政治は何を示したのか。それは、昭和研究会の意見を取り入れながら作成された、東亜の新秩序をうたった次の第二次近衛声明であろう。

「秩序の建設は日満支三国相携へ、政治、経済、文化等各般にわたり互助連環の関係を樹立するをもって根幹とし、東亜における国際正義の確立、共同防共の達成、新文化の創造、経済結合の実現を期するにあり。これ実に東亜を安定し、世界の進運に寄与する所以なり」

いってみればこれはアジア・モンロー主義であり、門戸開放を求めたアメリカを締め出すものと受け止められた。やがて日本にハル・ノートを突き付けることになる国務長官のコーデル・ハルは、低関税の提唱者として知られ、アジアの開発を唱えていたが、日中での戦争状態が続くことは中国市場へのアクセスが閉ざされ糾弾されるべきことと捉えていた。しかし、アメリカが軍事介入することは考えていなかった。

一方、「東亜新秩序」を受けた第三次近衛声明は、親日の汪兆銘を蔣介石の許から離間させ、日本軍の未占領地域に樹立させた親日的な政府との間で、「東亜新秩序建設のための善隣友好・共同防共・経済提携」を進めるというものであった。

これによって、国民党の蔣介石を交渉の場に呼びだそうとしたものの、交渉を呼びかけた汪が国民党から追放されるに終わった。目論見は失敗し、近衛は退陣した。近衛声明が、一次から三次へと次々と出されたのは、東條らの考えた一撃論がまったく外れただけでなく、ある意味で混乱し泥沼化していく日中関係から生じるじりじりした焦燥感に近衛が耐えられなかったためと見ることもできる。

第三章

科学者橋田、道元を語る

橋田は、三三年に東京帝国大学教授就任一五周年を祝ってもらった。翌年には、雑誌「生理学餘外集」を創刊。これは生理学会雑誌の創刊を目指すための準備誌という位置づけであり、彼は学会の地位向上に意欲満々だった。実際の編集にあたったのは、実務に強い内山孝一である。

間宮英宗老師を招いて法話を聞く会、教室での談話、医道会、医学会などでの橋田の講話のなかから、助教授になっていた山極一三が聞き書きとしてまとめたものが『空月集』『碧潭集』である。

欧州滞在中からのメモも収録されている。最初はガリ版刷りのものが配布されていたが、岩波書店の小林勇がこれを取り上げ、三四年に書籍として出版した。

橋田の研究室には俊英が集まり、実験を重んじた師のもと、室員たちは喧々諤々の議論とともに研鑽を積んでいた。橋田は、研究室を道場だといっていた。

そんな折、橋田のところに一高校長になれとの話が持ち込まれた。一高校長とは若者の将来像を象徴するポストである。橋田は、その要請にどう対応したのか。

1　日々充実の橋田研究室

❖橋田の研究室は全方位の道場

東大教授時代の橋田研究室のエピソードを、のちに九州大学で生理学の教授となる問田直幹が伝えている。当時助手だった問田が橋田のもとに行きたいというと、石原誠は快く国内留学を認めた。石原は、京都の石川、東大の橋田と並んで生理学会の三羽烏といわれていたが、ライバル意識を少しも見せなかった。こうして問田が、九大に籍を置いたまま、異例ともいうべき形で国内留学をしてきたのは三六年のことである。

当時の橋田研究室には、山極一三助教授、若林勳講師、和合卯太郎助手、本川弘一助手、さらには内山孝一、杉靖三郎、勝木保次、時実利彦など、のちに一家をなす錚々たるメンバーがそろっていた。

橋田は、研究について「立派な結果が出ることは望ましいが、必ずしも期待することはできない。根限りの努力をするところに尊ぶべきものがある」といっていた。この心は道元禅師の教えに通じるものがあり、「研究は行である」「研究室は道場である」としていた。

当時の生理学では電気刺激を与えて筋肉や神経の反応を見る実験が多かったが、橋田研究室にはジーメンスのオシログラフィーのほかにも、実験の試行錯誤のなかから工夫して改良したものを横河電機などにつくらせた設備がそろっていた。ケンブリッジ大学のアーチボルト・ヒルのもとに留学した山極によれば、そのレベルは世界でも非常に高かった。

橋田は午後四時になるとお茶の時間にして、山極の部屋に皆を集めて議論するのが習わしだった。当時のファカルティクラブである山上会館で橋田が昼食をとることはなかったと弟子たちはいう。助手の本川は先輩たちを差し置く形で質問を連発し、自分でも黒板を使って考えを説明したりした。そこは談論風発、橋田を囲むアゴラであった。

日本医科大学に移った戸塚武彦は大学が近かったこともあるが、毎日のように昼休みにやってきて議論に加わった。研究室に海軍の委託研究生として籍を置いたことのある先輩たちも、差し入れをもって研究室をよくのぞきに来た。

橋田研究室で低気圧状態での生理を研究し、日本における航空医学の創始者で医監となった田中肥後太郎もそうした一人である。田中はある時教室に入るなり、「東京の中心は楠木公銅像のあたりだっていいますね」といって頓智問答をしかけた。一同何の意味かと黙っていると、橋田が「ああ、忠臣、楠木公っていうわけだな」と応じた。頓智もきいたが、橋田自身も忠臣であったことを想起させるエピソードだ。

時実利彦が橋田研究室に入ったのは問田よりも先の三四年のことである。橋田と耳鼻科出身の勝木保次は当時世界最高水準とされていた横河電機の電磁オシログラフィーや周波数分析器を使って、日本語の母音の分析をしていて、時実もその研究に加わった。被験者ができるだけ同じ強さ、一定のピッチで「ア、イ、ウ」と発音したものを分析するものである。当時学生で、のちに順天堂大学教授になる真島英信が発声の被験者となり、橋田も「俺も加わろう。年配者の声も必要だろう」と被験者の一人になり、教室の数人がその列に加わった。

勝木は耳鼻科をやり、音響がどう伝わるかを調べていた。寺田寅彦も音響学には興味以上のものをいだいていた。橋田が音響学に興味をいだいたのは、尺八を演じていたからという説もある。

時実は、最終講義の時にも、橋田・勝木と行った実験のことを述べた。和気藹々の実験といいたいが、毎日が繰り返しの連続で、苦労した実験だったと振り返っている。研究の成果は、橋田・勝木・時実の連名で三六年の生理学会で報告され、翌年の英文ジャーナル「Journal of Biophysics」に抄録が掲載された。

時実はこの実験を通じて、人間の声はできるだけ一定にしても変化があり、変化がありながら恒常的なものもあることを学んだという。随意性に支えられた「変化する恒常性」の発見の第一歩だったというのである。時実の音声の研究は戦後も続けられ、その後は筋電図の研究に移る。そこでも随意的に筋肉を収縮させ一定に保つと、声の場合と同じことを学ぶことになる。だが、時実たちの音声の研究は、数年の中断を余儀なくされた。三七年に「日華事変」が起き、教室の研究生たちにも赤紙がきたからである。

時実が出征することになり、教室の全員が参加して赤門近くのレストランで壮行会を開いた時のことである。それぞれが時実を励ます言葉を述べている時に、橋田が席を抜けた。小溝脇三は、トイレかなと自分も用をすまそうと席を立った。小溝はそこで、橋田が眼鏡を取り、涙をぬぐっているのを見た。見てはいけないものを見たような気がした。

❖『正法眼蔵』を研究・科学する意味

橋田は週一回、夕食のあとに『正法眼蔵』の講義をしていた。問田は最初、科学と宗教とは関係ないはずだと反発しながら聴いていた。しかし、科学をする人間が実験結果だけで人を説得できないなど、仮説を立てる過程には、広い教養なり宗教なりが必要だと悟ることになる。

橋田は、「道元禅師の書かれたものは外国語を読むより難しい。それは文字ではなく体験だからである」と述べたことがある。つまり、暗黙知を文字にしようと苦労したものだというのであろう。また、道元の発想は宋語と日本語が混在する形で形成されており、漢学の素養のない者には難しいともいった。

『正法眼蔵』とは、宋に留学してルネッサンス期の中国の空気を吸った天才的な仏教徒道元の仏教新解釈であり、それを橋田は科学立国を掲げようという昭和の時代に蘇らせようとしたのである。

では、なぜ科学者である橋田が、専門の修行僧でも難しいとされる道元の『正法眼蔵』にたどり着いたのだろう。この問題は、事実に即すればいくつかの見方ができる。

橋田は、生理学を講じようとした時、単に生体の断片の分析にとどまらず、生命そのものについても語らなくてはならないと感じたことから、『正法眼蔵釋意』では全機性に着目した。その後、関東大震災によってデータや実験器具を喪失してむなしさを感じ、永久へとつながり得るものを探ろうと、道元研究に本格的に取り組むことになった。

だがその背後には、日露戦争後に育った科学者として、西欧と一体化し、他律的に学ぶという過程を経なければならない時代を超え、自然科学を自分たちのものとして捉え、その上に立脚したいという強い希望をもっていたことがある。

そのような思いで科学を見た時、科学は西洋の世界観、ことにキリスト教の影響を強くもつものであった。真理は一つで普遍的であるというのも、まさに一神教キリスト教の考えそのものである。橋田は自著『行としての科学』のなかで次のようにいっている。

「西洋の科学者は、自分が発見したことの意義について認識論的な意見が述べられる。これは科学の発見が自分の心にストーンと落ちるものがあるからだ。日本の科学者にはそれができない。専門化しすぎていることもあるが、科学をする自分と社会的生活をする自分とが分離しているからだ」

『正法眼蔵釋意』第一巻の序では、生理学を講釈する者が生理学の根本である生命とは何かがわからぬようでは講釈に値しないという切実な問題から、「道元禅師の正法眼蔵に親しむこと爾来二〇有余年、生理学者としての体認を廻向返照していささか〝全機〟と〝者〟の何たるかを知り、日本科学の根源を見出し得て、無上の喜悦と感激に溢れている」と述べている。つまり、『正法眼蔵』の「現成公案」の巻によって、科学の根本を体得したというのである。

「正法眼蔵現成公案の巻に〝自己をはこびて萬法を修証するを迷とす、萬法すすみて自己を修証するは悟りなり〟とある。この句によって科学が宗教と一つにならなければならぬことを端的に指示されていると考え、科学も人間の働きによって創造されるのであり、宗教も人間の働きそのものである。いずれも、そのどん底のもの、即ち人の人としての働きを本当に把握することである」との結論に達した。したがって、「迷悟などは禅の言葉であるとして宗門人が門外の人を遮断しようとしてはならない」と説いた。

どん底で通じ合うものは何か。『正法眼蔵』には「尽十方世界」という言葉があるが、これは科学でいえば「宇宙」であろう。宗門の世界に道元をとどめるなという橋田の主張は、半世紀以上を経て実現した。

橋田の弟子、本川弘一の息子達雄に、二〇〇二年の道元禅師七五〇年の大遠忌《だいおんき》記念フォーラムの声がかかった。達雄は「どうして私にお声を？」と聞いた。本川達雄著『ゾウの時間、ネズミの時間』で提示した時間の考え方が、道元禅師のものと通じるところがあるのでというのが答えだった。宗門が科学に門戸を開いたのだ。

達雄は以前から父親の本棚にあった『正法眼蔵』関連の蔵書が気になっていた。『正法眼蔵』の「有時《うじ》」の章をひも解くと、「時間とは、まっすぐ飛び去って行ってしまうものとだけ考えてはならない」とあった。時間を物理学的にではなく、生物学的に捉えろということだ。

道元は七五〇年前に、現代生物学の知見を提示していたことになる。『正法眼蔵』の「有時」の巻がハイデッガーの『存在と時間』と書名まで一致するところから、両者の思想の照応が注目されたことも知った。「親父の本棚にあった本と自分の研究がつながった。さすが道元さん……」と、本川には橋田が『正法眼蔵』を学んで現代を考えようとしたことの意味が痛いようにわかった。

生理学を専攻した橋田は、生命とは何かを考えているうちに道元が日本的な自然観、生命観を提示していることに気づき、日本独自の科学のベースになるものがあると思うようになった。

橋田自身は、インド人の生理学者J・C・ボーズがインド人は空想にふけるだけで実験ができないと偏見をもたれているなかで、西洋人にない発想で業績を上げ、ついにインド人として最初のナイトの称号を得た例を挙げている。細々としたことの研究には満足しないで、全体として見る着眼点がある。これは西洋人に欠けているところで、東洋人でなければできないものだというのである。

ボーズは研究所を設立した時に、「この建物は研究所であると同時に寺院である」と宣言した。橋田研究室が「科学を行とする」ゆえんであり、実験室が道場だということになる。

西洋の科学は物事を分解し、分析することで成り立っている。橋田もそのことの重要性は認め、現実に実験生理学を提唱してきた。しかし、分解して発見したAとBとを足し合わせると真理に至るのか。そんな簡単なものではない。科学の総合の大切さが叫ばれているのは、そのためである。

これに対し道元のいう「全機性」は、ものごとをあるがままに全体像をつかめというものである。全体を観察するなかで、発見したA、Bの評価をせよというのである。したがって、橋田は全体をあるがままに捉え見る「観」をキーワードに挙げる。

全機性においては、全体性というだけではなく、「機」という言葉にある動きという意味が重要だという。橋田のおそらく最主要論文である「全体性について」でも、そして本来の生理学の分野での業績である『生理学要綱』でも、生体がもつ動的側面にこそ注目すべきだと指摘している。生理学が現状では生体の静的側面にしか迫り得ないなかで、生体を全体として捉えるには動的側面に迫る「生機学」を打ち立てる必要があるというのである。橋田は実際、「生機学懇話会」をつくって議論の場を設けている。

橋田はヨーロッパでの全体論の議論の展開を理解していた。橋田は、「最近ようやく、西洋でも生命生体という立場から見ようという考えが出てきて、いわゆる全体論が盛んだが、全としての働きとして、あるがままに現れている以外に生はないことを会得していなければ、生をつかんだことにはならない」と、西洋の全体論に留保をつけている。

橋田の全体論が出てきた背景には、二六年にジャン・スマッツが『全体論と進化』を上梓し、「自然は創造的進化のプロセスを通じて部分の集合よりも大きい全体を形成する」と主張したことがある。同書を読んだアルベルト・アインシュタインは、「次の世紀は相対性と全体性の二つのキーワードで規定されることになるだろう」と語り、スマッツを絶賛した。

この、ヨーロッパでも展開されていた全体論が生まれた世界状況は何だったのか。それは第一次大戦の前に誕生したグローバル経済の出現だったのだ。歴史学者のマーク・マゾワーは『国際協調の先駆者たち』のなかで、ボーア戦争と二つの世界大戦を戦い、国際連盟、国際連合の設立に奔走したスマッツを詳しく述べているが、全体論に関してはそれを唱えたとだけしか触れていない。それだけグローバル化の衝撃が大きく、そのマネジメントが大変であったことになる。

2 橋田の昭和ルネッサンスの試み

❖枝葉の科学に幹をもたらす

橋田や和辻の思想体系への努力には、昭和ルネッサンスの運動の視点があり得る。橋田は、ドイツで学んだ電気生理学の研究を通じて、宋文明の息吹を感じて生まれた『正法眼蔵』や、儒学を宋の時代に合わせて近世に蘇らせた陽明学をさらに現代化しようとした。

つまり、東西文明が宋の時代に流れ込み、仏教、儒教、道教などの教義が渾然一体となった宋文化、宋学が生まれた、その時代の息吹を現代に復活させようという挑戦なのである。だが、怒涛のように押し寄せるグローバル化の波に対し、日本は単に同調しフォローするという立場だけではなかった。日本を、そして東洋の立場を明らかにしなければならなかったのである。橋田の全機性の議論がヨーロッパの全体論の受け売りにすぎず、学問的価値が低いというのは早計である。

そもそも橋田が『正法眼蔵』をひも解いたのは、こうしたヨーロッパの思想上の探索とは関係なく、生命とは何かという根本問題に直面したことに始まっている。なぜ橋田が『正法眼蔵』に接したかという直接的な契機に関して、橋田は次のように述べている。

「講義を始めるにあたって、生理学というものは何であるかということを、一応考えてみなければならなくなりました。結局、われわれが生きているということはそもそも何かということが問題になってくるのです。元来生理学は、生きていることを知らせる学問ではなく、生きているものの様子を知らせる学問にとどまるのですから、生命それ自体という根本問題を生理学者が考究するということは、考え方によっては、用のないことと思われます。

しかし、教壇に立って学生に生命に関係のある問題を講釈する者が、生命とは何かという質問に答えられないのでは、これは講釈するに値しないという考えが起こってきまして、どうしても生きていることは何かということが切実な問題になってきたのです」

橋田は、廊下に積んであった『正法眼蔵』の「現成公案」の聞き書きの古い本を取り上げ、ふとページをめくって、「時間のなかで、今という時間を生ききるのが生命である」という記述にぶつかったといっている。道元の教えが、生理学者である橋田の心を捉えたのだ。

生命とは何かについての橋田の思考をたどるには、雑誌「科学」に寄せたいくつかの論文を見る必要がある(注5)。橋田が、物理学の分野でマックス・プランクの量子論によって物理の統一的世界像が形成されたと主張したことを起点として、生物学的な統合の位置づけを論じているからである。

量子論によって開かれた世界をまず見てみよう。それまでの物理学は、物理学者がもつ感覚と同数の主要部門があったが、力学が音響学さらに熱学を吸収するようになったし、電気と磁気が統一され、そこに光学を包摂するようになった。こうして量子論、相対性理論の出現で電磁気が力学を吸収して統一した物理が生まれたというのである。そして量子論が因果関係を超越するとの見方も生まれた。

橋田は、量子論の出現によって、カント哲学の因果律は放棄されなくてはならないのかと問い、その必要はないと答えている。「量子力学の発展に伴って起こった因果性の問題は、論理的因果と時間的因果とが、ともに因果関係であることのみを知って、両者に根本的な区別があることを洞察しないことによって起こっていることである」というのだ。

一方、プランクの統一的世界像に関しては、そうした世界像が存在するためには物理のどの分野にも規則性が適用されることが前提になるが、これはカントのいう外面的形式的合目的性そのものである。これに対して、生体を扱う生物学の場合は、全体として自己表現をなし、内面的な合目的性によって統一的なものと考えられる。

つまり、外的統一性、内的統一性と異なるが、どちらも統一的な世界像が得られ、物理的な世界像、生物的な世界像とがあり得ると説く。そしてその像は、無機的な物質は有機的なものに包摂されることから「全体的な世界像の正しい把握は生物学においてなされる」と結論できる。

また橋田は『正法眼蔵』を引用して、「科学は枝の学問であり、どこかに幹があって枝を支えなくてはならない。分化した知識としての科学には総合が必要である」と唱えた。そして、科学は森羅万象を対象にしているが、仏教は萬象森羅だから、総合を担うのは宗教であるというのである。

科学は観られた世界の記述に終わっているが、観る者がそのなかに入るには宗教の世界が必要である。全体を観るには、山中にある必要があるというのである。つまり、「世間にて山をのぞむ時節と、山中に山にあう時節と頂顒眼睛はるかにことなり」というのである。

自分の立てた理論が腑に落ちる感覚が科学者に生まれてくれば、すでに宗教的立場に入っているのだと、橋田はいう。先端の研究で業績を上げる一方、研究する際には広い教養と宗教心が必要で、そのプロセスは「行」ともいうべきものだという態度は、橋田が時代に棹さしていたからでも、おもねっていたからでもなかった。

分解するだけの科学の進歩が、今日では地球環境問題などを引き起こしていることは、広く認識されている。西洋の科学では、キリスト教の影響もあり人間は神のように他の生物より一段高い所にいるとしてきた。今日では、ゲノムが出てきて人間もウジ虫も同じゲノムとなり、遺伝子からなっていると相対化して見られるようになってきている。つまり、現代の生物科学はゲノム、遺伝子といった共通言語をもってどんな生物も外部から材料を仕入れ、それを加工して生命を維持し、子孫を残して死滅していく営みをしていることについて語ることができるようになったのだ。そして、その共通言語をベースに、さまざまな環境のもと、さまざまな生物が存在する生物の多様化を説明することも可能になった。

橋田は、禅の考えを援用することによって、こうしたことの可能性をある意味で予見していたことになろう。だが、現代の生物科学が進んでくると、橋田の予見をはるかに乗り越えて、生き物の振る舞いも、基本は物理や化学と同じ法則で理解できるようになって、無機的な物質は有機的なものに包摂されるという橋田の主張が現代科学の手のうちになった。つまり、生命現象はすでに自然科学の一部となったのだ。

だが、橋田のいう自然を「観る」ことに科学の基本があるという言は現在にあっても輝きを失っていない。基礎生物学研究所長の山本正幸は「科学は進歩しました。しかし自然は人間の知恵よりはるかに奥深いのです。次々と疑問を投げかけてきます。その意味で基礎研究のフロンティアが消えることはありません」と語っている。

❖主客不可分の観察から生まれる知の統合

では、西欧を中心として進んできた科学に対して橋田の東洋的理解とはなんだったのか。フランス科学思想を専門とする金森修は、論考「橋田邦彦の生動と隘路」のなかで、先に見た

「あるがままを観る」の「あるがまま」という言葉の意味を考えてみるべきだという。なぜなら橋田のいう「あるがまま」とは、価値中立的な記述の対象であるどころか、規範や意味を内部に包摂した価値的存在になっているからだというのである。

そこで今一度、橋田の言を見ることにしよう。「あるがまま」とは、「あるべきものがあるべきようにあらしめられる所以を観る、それを包んでいるものを観る相」である。観る者と観られる物があるというのではなく、観ると観られるという二つのことが、同時に一つのことであるように観ること、それが実現されなければならないわけだ。

では、どのようにして「観る」ことが可能になるのか。橋田はいう。

「私のない、いわゆる『無』である心、あるがままの心、あるがままにあるものを把む心、それが実証の働きです。昔からこのような働きを汚れのない鏡にたとえますが、実はその鏡さえない、物をあるがままに映す、否あるがままに物を観るという働きだけがあるのです。この働きが本当の『心』といわれるものです」

ここに示された「無我の認識論」は、一見したところフランス実証主義の匿名性の重視に似ている。だが、この時の観察者は世界の外にいて、そこから世界を生態的なものとして観察している。だが、橋田の「無我」は非実体的な状況としてしか存在しない。つまり、主客が分離していない状態にあるのだ。観察者は世界のなかに入り込んでいて、そこから世界は常に流動するものとして自己と一体化した形で観、観られていることになる。そこは仏教でいう物心一知の世界になっているわけだ。

かくして橋田の科学論は自身によって次のように表現される。

「自然科学はある立場から世界を観るものであるが、その立場に立つ者をも世界のなかに入れて、世界のなかに自分を見るのが無我の境地である。無我とは無我という立場で観ることであって、自分をなくすことではない。なくしようにもなくせないのが自分である。この無我の立場は純客観の立場である。この立場こそ『ありのまま』を見得る唯一の立場である。私は『観』という。観といっても観るものなき観である。自然の流れに押されながらの、自分と外界の境なき立場の『観』である」

科学思想史の金森は、「科学すること自体が科学の目的になり得る、それ自体が倫理学でもある自然科学だというのが橋田科学論の真髄であり、東洋的な発想である」という。

そこで、原発事故が起こり、環境問題が発生し、科学が自然科学から社会科学にまで拡張された現代にあっても、科学の総合化、知の統合が行われていないことが明確になったことの意味を考えてみよう。

西洋にあっても、ギリシャ時代には知の統合（consilience）が盛んに論じられ、ルネッサンス期には再発見された。だが現代科学が隆盛をみるようになって、この概念は忘れられ、科学哲学という片隅に置かれていた。自然界には統一された秩序があるとの「信念」からだ。

福島原発事故が起きて四年を過ぎようとする時、東大名誉教授の吉川弘之が現代における知の統合の意味を問うている。「科学がみてきた秩序は自然の秩序でしかなく、社会現象にある意味の秩序、人工現象にある機能の秩序など諸現象の複合として起こっている原発事故や環境問題に科学は応えられない。多くの秩序を横断的に観て中立的な判断の下せる新しい型の科学者が現代に求められている」と吉川は述べる(注6)。

これこそが橋田が提唱した『観』の要諦であり、金森の指摘する倫理を含んだ科学ということになろう。そして、「無」である心で「観る」ことのできた橋田は、吉川のいう社会の利害から独立して物事の判断ができる、専門家も信頼し、政治家からも信頼される助言者、新しい型の科学者であったのではなかろうか。

❖学・術・道から成る医のシステム

橋田は、医のシステムは「医学」「医術」「医道」から成ると唱えた。西洋医学には「医学」「医術」はあっても「医道」がなく、東洋医術には「医術」「医道」はあっても肝心の「医学」がないとした。そして西洋医学と東洋医術の健全な融合の道を探ることによって、真の医のシステムが生まれると考えた。

科学における橋田の盟友であった寺田寅彦は、科学としての医学と病を治療する医術に関連して次のようなエッセイを残している。

「医学が純粋な科学であるためには、人間の体がどれもこれも同じであると考えねばならない。もし、すべての人間が異なったものだとすれば、実験的法則や知識は得られない。少なくともある程度までは同じと見て人間を取り扱う。科学とすればこれは無理もないことである。もし、このような立場から得た科学的知識を一人の病人に応用して治療することになるとなかなかむずかしい。

ある一人の患者のある病気を本当に治療するためには、その人の体質はもちろん、それまでにかかった病気の影響も考えて診なければならない。ことにその人の日常生活――食べ物や職業によって体を使う模様の違い、その人の性質、まわりの事情が、その人に及ぼす影響――このようないろいろな事柄を勘定に入れなければ、本当の治療はできないだろう。医術に物質的な科学を応用するのはよいことではあるが、同時に人間が物質ではないことを忘れないようにしてもらいたい」

さすがに橋田の盟友の指摘である。ゲノム、遺伝子で見る時代に、個人変異を起こしているスニップやエピゲノムを特定していきながら、パーソナライズド・メディシンを展開する現代医学にも通用する見方だ。

橋田も自然科学の常として、科学としての医学からの知見は抽象的なもので、これを患者に適用していく際には、細心の注意を払って医術を適用することが重要だと指摘している。そして、病気の背景を幅広く見ていくことの必要性も同じである。ことに心と体の異常の関係については、道元を引いて「心身一如」を説いていた。

寺田が「人間が物質ではないことを忘れないようにしてもらいたい」といっている人間の要素は、医学と医術を結びつける最重要なもので、橋田はそれが医道になると指摘している。つまり、医学、医術、医道の三つが、病を認知し治療していく「医」のシステムを成り立たせているというのである。橋田は語る。

医は道なり、医に学あり術あり、学と術とを統べ、医をして現成せしむるものは道なり。医道現成する時医を仁術といふ。同技同巧必ずしも仁術にはあらず。故に曰く医は意なりと。意の存するところを主とするなり、医をして仁術たらしめるものは医人なり。すべからく人事を尽くして以て天命を挨《ま》つべし。天命を挨つ故に医道は無為なり。人事を尽くすは唯自然に従ふあるのみ。

橋田は、医のシステムにおける医道の重要性を、第一義的には治療にあたる医人に求めているが、病める人も重要であるとした。そもそも病は患者自身が異常と感じることによって認知の第一歩が始まるとの指摘である。そして、人としての医者が人としての患者を診ることの重要性を指摘している。橋田は「もう助からぬとわかっている癌の患者でも、朝、最初に行って診てやらなければならぬ。患者に待たれる、そういう医者になれ」といっている。

戦後、アメリカに始まった「心身医学」「全人的医療」がデカルト以来の「心身二元論」を見直すきっかけになり、これを機として道元の「心身一如」論が世界に紹介された。だが、全人的医療の先駆者としての橋田邦彦の評価はない。

全人的医療とは、同じ病気であっても病人の側から全人的に診ることができる医師によって初めて可能になる。エビデンス（証拠）を重視し、普遍性をもった西洋医学で体を診るとともに、患者を個別に精神心理面や社会面からも診療する。

全人的にアプローチする医療にはさまざまなものがあり、プライマリ・ケア、ホリスティック医学、総合診療などがこれに含まれる。それぞれ特徴があるが、共通するのは患者の健康問題を生物学的、心理的、社会的、倫理的な側面から多面的に検討して解決しようとする点である。全人的医療の倫理面については、これを含まない場合と含む場合があるが、橋田のいう「あるがままに物を観るという働き」こそが根幹である。

『葬られた思想家　橋田邦彦』の編纂をした黒田章史は、「家族面接」を提唱した下坂幸三の多面的な観察を次のように表現する。

下坂にあって「問題行動」は「問題行動」でありながら「利点」へと融入し「問題行動に似たもの」になり、「利点」は「利点」でありながら「問題行動」へと融入する「利点に似たもの」になる。

まったく同じように、下坂の臨床観察においては「転移」と「転移ならざるもの」、さらには「個人面接」と「家族面接」という、一見すると別個と見えるものが、それぞれの「本質」

によって縛られないような形で再分節されることになる。すなわち「常識的家族面接」は、常識では考えられないほどの自由さをはらんだ動的過程であるというのである。

黒田によれば、橋田の医療思想を現代に実践した点でも、その実践を通じて全体医療を提言し続けた点でも、下坂は橋田医学の後継者といえることになる。

一方、心療内科の先駆者は池見酉次郎である。心療内科は、全人的医療の一つの表れであり、逆にいえば、全人的医療の射程は、心療内科を超えていることになる。

では、父親から漢方のバイブル『傷寒論』を読み聞かされて育った橋田の漢方の評価はどうなるのか。

『傷寒論』の処方は幼い藤田邦彦を救うものであったが、明治政府の欧化政策のなかで漢方は見捨てられた。このため実父の藤田謙蔵も養父の橋田浦蔵も苦しみを味わった。だが、浅田宗伯がリードし、父親たちも参加した「漢方をそのまま復活させろ」という運動は、橋田によれば時代錯誤だった。漢方には医学が欠如しているのだ。そこで橋田は「漢方医術」という呼び方をした。もっとも「橋田邦彦における医の三要素」を著した勝井恵子によれば、徹底していたわけではないようであるが。

一方で、橋田は、漢方の触診などは、病人と切り離して病気を診ないという点で優れているとも指摘している。つまり、東洋医学が病気を全体として捉えており、医は全機性であるという時、漢方医術はその全機性をもっているというのだ。

日本的医学のあり方を考えていくなかで、橋田は漢方医術を西洋医学で科学的に検証していけば、漢方の再生、東西医療の融合を通じて日本的医学が確立できるのではないかと考えるようになった。杉靖三郎は橋田から、生理学の研究を続けていくのなら中西深斉の『傷寒論名数解』を読むように教示され、「江戸時代の皇漢方こそは、医の本道を行くものであり、これからの医学・医術は、この本道に立ち返らなくてはならない」と告げられた。

日本医学研究会が三五年に設立されたのも、こうした考えの同志が結集したからである。同会はその目的を「現代科学的医学と東洋本有の医術とを集大成し、学術道三者帰一を要諦とする本邦独自の医学の建設を期す」とうたっている。橋田は顧問になった。

日本医学を構想するなかで、橋田は「江戸期の蘭学を学んだ人々がその導入に苦労したことは尊いことであるが、その導入に慎重であったのはリスクというものを考えていたからだ」と評価するようになった。

杉靖三郎をリーダーとする輪読会は格医会と呼ばれたが、橋田のいうところの「格医」とは、勝井によれば「医」という理念を保持していくためのいとなみであり、もし「医」のなかに不正が見つかれば、それを取り除いたり、「医」そのものを転換や転向させたりすることで、正しいものだけにするという目的をもつものであるという(注7)。三つの要素を備えた「医人」であっても、常に「医」というものに対峙していく必要があるが、彼らはその「格医」にかなった行為をしていたというのである。

日本には西洋医学を批判的に捉えながらもうまく取り入れてきた歴史の積み重ねがあり、その伝統の上に西洋医学と東洋医学の融合の新たな道があると確信するようになった。

❖傑出した橋田の道元研究

橋田の『正法眼蔵』研究は一〇〇年に一人でるという高いレベルにあると、道元研究の第一人者山内舜雄はいう。山内は、橋田が駒澤大学で二度行った『正法眼蔵』の講演のうち、二回目を実際に聴いている。だが、自分で『正法眼蔵』の研究を続け、『正法眼蔵聞書抄の研究』七巻、『摩訶止観と正法眼蔵』六巻の研究を終え、その成果の上に立てるまでは、橋田の『正法眼蔵』解釈の研究に取り組めなかったという。

ところが『正法眼蔵釋意』と対峙できると感じた時には九〇歳になっており、年齢的にとても無理だと感じていた。その無理を覆し山内をして自身の老骨に鞭打たせたのは、橋田の書を戦前に出版した山喜房二代目の後押しと、自分の父親が橋田の『釋意』を買い込みながら手も足も出なかった論評を親子二代で完成させようという、敵討ちにも似た執念だった。それから二年余を経てついに完成させたのが、私のところにも送られてきた『橋田邦彦著「正法眼蔵釋意」――その世界・解説と評論』である。

道元の『正法眼蔵』は長い間、宗門の徒という閉じた世界にとどまる書物であった。それを現代に再生させる契機をつくったのは、道元について最初に哲学的思索をこころみた思想家として『沙門道元』を著した和辻哲郎である。

和辻の歴史的著述に続いて、田辺元が『正法眼蔵の哲学私観』を著した。京都学派は学問の立場から道元を社会に広めていたのである。

宗門に衝撃を与えた研究は、その田辺の推薦で出版された秋山範二の『道元の研究』である。『正法眼蔵』における因果の究明を当時の哲学の主流であった時間論を踏まえて提示し、その所論はその後の宗門の研究を二〇年以上にわたって規定することになったのである。

なぜそれほどに宗門に影響を与えたかというと、秋山は門外漢であったがゆえに因果の同時と一如に対する自身の思惟の過程を明瞭に見せることで、読む者を納得させたのであり、実践論を宗門のために残しておくことで道元の実践論を科学的に容認しているように見せかけていたからだと山内は述懐している。

山内自身も秋山の研究の枠内で研究をし、学生たちに卒論の指導をしていた時期があったのだ。山内が秋山のかけた呪縛から解かれたのは、若き学徒、辻口雄一郎との対話からだった。辻口は、秋山の時間論がハイデッガーの存在論に立脚して説明していると、『正法眼蔵』の「われ」とは異なると指摘した論文「『正法眼蔵』と『存在と時間』における自己の所在について」をものしている（注8）。辻口は『正法眼蔵』を思想史、宗学の歴史のなかで位置づけなければばならないと主張した。山内は、さまよいながらも『正法眼蔵聞書抄』を専攻してきた己れの研究が適切な方向をたどっていることをありがたく思った。

道元研究の原典は『正法眼蔵』であるが、師の説法を詮慧が聞き書きの形でまとめたのが『正法眼蔵聞書抄』であり、その注釈と弟子経豪による『抄』を合わせたのが『御抄』である。『御抄』は宗論としてまとまっており、これが宗門のテキストの位置を占めてきた。

橋田は『聞書抄』から読んだ。宗門にいるものでも取り付きにくい『聞書抄』から始めながら橋田はそれを読みこなし、それを口語で語って聞かせていた。哲学者たちが道元のその立場から宗門に閉じ込められていた「古今独歩の書」を解放したことには重要な意義があるが、それも宗門の注釈が宗門独自のくせをもつように哲学者のもつ偏りから免れていないと見ていた。つまり、後者には「行」が欠けているというのである。

橋田は「科学する」という行を通じて『正法眼蔵聞書抄』を深く理解し、その点で科学を「行」として行ってきた自分のような立場の者が、本当に古典を現在に躍動するものとして復活させられると考えたのである。それを体系立て先行研究にも触れながら研究書として出版したのが『正法眼蔵釋意』三巻（戦後杉靖三郎が編集したものを含めると四巻）である。

橋田は『御抄』より『釋意』のほうが『正法眼蔵』の本物の現代版だとして世に送り出した。山内によれば、当時は西田哲学によって『正法眼蔵』を解釈するのがはやりで、橋田も現成公案にいう「あるがまま」とは変化を含んでおり、西田哲学でいう「変じて変じせざるもの」がこれに相当すると説明している。

だが、同書は売れなかった。にもかかわらず駒沢大学は、橋田を二回にわたって講演に呼んだ。西田も和辻も呼ばれたのは一回限りだったのに、橋田だけが別格の扱いだった。宗門は評価していたのだ。その背景に何があったのだろうか。

門外漢として下衆の勘ぐりをしてみよう。当時の駒沢大学は、曹洞宗大学から総合大学の駒沢大学へと名称を変え、忽滑谷快天が学長を務めていた。なぜ橋田だけが二回なのか。山内は、「科学する」橋田の行学的生き方が修行に生きる宗門の学徒と共通のものをもっていたからだろうと推測している。快天は橋田の「行」を通じて実践派との接点を見出そうとしていたとも考えられる。

第一回の講演では、共通点に焦点を定めて概要の話で終わったので、第二回はそれを前提とした上で、修行僧に向かって、『正法眼蔵』の橋田解釈――「苦これ自受にあらず」とは、自覚と決意によって初めて修行になるのだというような解釈、を展開している。

また仏道が全人生であり全世界である時に初めて、「仏道に行ずる」といえるとも説いている。これは科学者・芸術家が、科学のための科学、芸術のための芸術になる場合と同様だというのである。

橋田が「科学者と『正法眼蔵』」と題する講演を永平寺で行った時、『正法眼蔵』という書は、科学というものがなかった時代に到達した真理について記述しているので、新しく生まれた科学を科学たらしめる言葉になっていると説明している。

この橋田説によって、禅の用語を禅の立場で解釈しないとすれば、例えば行持の巻の次の言葉をどう解釈するか。

「諸仏諸祖の行持にありて、われらが行持見成し、われらが大道通達するなり、われらが行持にありて、諸仏の行持成し、諸仏の大道通達するあり」

行持とは、仏道の修行を怠らずに続けることであるが、それをそれと知らず読んだとしよう。すぐさま想起されるのは「遠くが見えたのは巨人の肩にのったからだ」というニュートンの言葉だ。科学者なら、そのまま発明・発見など新知識の誕生とその体系化を論じたものとして読むことができる。

橋田の『釋意』では、次のごとくだ。

「われわれの先人が行持していなければ、われわれに行持というものが現世するものではない。ただし、先人たちの行持があっても、それは過去の問題であり、現実、行持を行持として行ずることは我の問題である。もしもわれらの行持がなければ、諸仏の行持は断たれることになる。……学問にしても、ちょっとした手先のことにしても、自分一人の力でできたためしはないのである。しかも自分がしなければできるものは何一つないのである」

行持を宗門の言葉にしていないことに気づく。

橋田は弟子たちに向かって「『正法眼蔵』は難しいだろう。それは論理ではなく、体験を言葉にしているからだ」とか、「漢文の素養がないと、宋の言葉が混じる文は難しいかもしれない」といっていた。それを橋田は、なぜ読みこなせたのか。

橋田が「科学する」という行を通じて体得しながら、『聞書抄』の真意をつかみとっていったからだと山内は推定している。事実、橋田は行としての科学を実践してきていたので、『聞書抄』の言葉がすーっと心に入ってきたのだといっている。

弟子のなかでも杉靖三郎には漢文の素養もあり、橋田をしのぐ生理学者になり得る片鱗を見せた。だが、杉は橋田の遺稿を整理して『釋意』の第四巻を出して、それ以上深入りしなかった。敗戦後には時代が変わったということだろう。

山内は、橋田の業績を道元禅の近代化を図ったものと位置づけ、敗戦によってその業績が埋もれてしまい、それを継承する学僧なり学者が出ないことを憂慮していた。だが後学者が現れないのは、単に戦前、戦後の断絶がもたらしたゆえでないことにも気がついた。橋田は一〇〇年に一人の傑物なのだ。若い人に「橋田の『釋意』の研究をしてみろ」といっても無理だということがわかったのである。

そうしたなかで橋田の『釋意』を敷衍する形で注釈を付けながら研究したのは、畑邦吉である。畑は中国で橋田の一高校長、文部大臣の就任を聞いて、快く思わなかった。しかし戦後、戦地の中国から復員して、ふと神田の古本屋で橋田の『釋意』三巻を見つけた時、震えがとまらなかった。大臣になり、戦犯の指名を受けて自殺した師を疎ましく思っていたのだが、ふと懐かしさが体中をかけめぐったのである。

買い求めたその本を何度も何度も読み返し、「先生の口から出る、さわかぜを感じ」、それを橋田が何度も推敲を重ねたものとして記述した。それが『正法眼蔵抄意』一巻に始まる橋田『正法眼蔵』研究となる。金森修は、畑の研究は橋田の直系に連なる業績であり、橋田道元学を引き継ぐ者として高く評価している。

私はある日、山内の橋田道元の研究の進み具合が気になり、山喜房仏書林社長の浅地康平を訪ねた。その時ふと、編集者でもある浅地の畑評価を聞いてみたい気がした。

「畑道元学は、橋田につきすぎていませんか」

「ほう、あなたはそう思いましたか」

「編集者でもある社長から悪口はいえないでしょうが……」

「畑先生はかじりつくように取り組まれ、自分の解釈ができたからこそ、何冊も著書にされたのですよ」

「ななめ読みもできない門外漢ですが、眺めたところ師を愛している、さらにいえば師にくっつきすぎていると感じました」

「畑先生は、橋田先生の『正法眼蔵釋意』三巻と、亡くなったあとに杉さんが編纂して出した四巻目とではまったく精粗さが違う、編者の怠慢ともいっていました」

「それをいうほどに橋田の遺稿が残っていたのですか」

「遺稿は結構残っていたようです。口述を速記録としたものも相当あったようです」

「畑先生は橋田になりきってしまう読み方ができていたわけで、編集ということなら適任であった可能性がありますね。それは残念ですね」

私は畑道元に再び目を通し、畑が次のようなことを指摘しているのに気づいた。「『正法眼蔵』を読む者たちは、『正法眼蔵』の埒外にはみ出すようなところがなければ、まだ本当に読み取っているとはいえない。ただ独りよがりでも困る。橋田は『釋意』のなかで滂無という言葉を使い、固定概念を打ち破って読み解け、道の上から文字を読め」といっていたのである。


山内から送られてきた『橋田邦彦著「正法眼蔵釋意」――その世界・解説と評論』は、七七〇ページの大部である。私は本を開きながら、まずは「剣豪が刀に手をやる前に、並々ならぬ技量の人に息を整え対峙しようとしているようだ」と礼状を書き送った。定年をはさんで一〇年以上にわたって『正法眼蔵聞書抄』に取り組み、その成果を七冊の研究書としてまとめ、これで『釋意』に正対できるという意気が伝わってきたからだ。

橋田が、日本人の力をしみじみと感じられる書を残した道元を復活させようとしたのは、戦前期昭和という危機の時代である。日本は今、大震災に襲われ、世界の激変に直面し、やはり危機に立っている。そうした時代背景で、自分が橋田の『釋意』を現在に取り戻すことに取り組まずして誰がこれをできるのか――九二歳になる山内の使命感には高揚したものがあった。

山内の『橋田道元の解説と評論』は、橋田の『釋意』の一五段を順に解説しながら、自分の研究の来し方を振り返り、縦横に論じ評論していく形になっている。その第一段の解説を始めた山内は、橋田が思惟を深めていっても、自分たちだったら仏教学や禅を用いるところを、平易な日本語や哲学用語で明確に語っていることに、まず驚嘆する。生前の橋田が自分の『正法眼蔵』解釈には宗教色も哲学的なバイアスもないと自負したことだ。山内が自信のあった漢文の読解力でも、橋田の正しさ、深さが証明された。

だが、山内にして初めてわかる橋田の凄さは、山内が七五巻本にいちいち注釈を加えながら読みこなし、それを踏み台にし、通巻して重要な課題である「因果」「時間」「佛性」などの研究に入ったものを、橋田は全巻を自在に読みこなし、同じ語句でも巻によって意味合いが異なるところは、実に適切な折り合いをつけて『釋意』を記述していることだ。

山内は橋田の『釋意』の「因果」の項に関して、体験として語らなければならないところは「渋無」をしたことで多少冗漫に思えるところもないではないが、まさに自分の研究成果とドンピシャリであると指摘している。そして第一五段で取り上げた「佛性」の総括コメントに足したり付け加えたりするものは何もないと脱帽する。

宗門で最も重要視する課題に「業論」がある。「佛性」についての理解なしに到達できないものであり、文字づらを追った原典の解釈ではどうにもならない。修証と関連して直観しなければならないのだ。

ところが、仏門で修行を積んだわけではない橋田に、「業論」の解釈ができている。なぜなのか。山内は橋田が科学を行としているからだろうと推測する。山内は、橋田が宗門のものでも難しい『聞書』から入ったことに感嘆するが、『抄』や『御抄』のように修証のテクストとして編まれていない『聞書』だったからこそ、道元の思想が橋田に直接伝わったのであろう。

橋田は次のようにいっている。

「知るとは、ただ概念的で抽象的な水準にとどまることであってはならない。科学をいきいきしたものにするためには、科学を具体化しなければならない。それは科学そのものではなく科学者のなす仕事である。つまり科学における知行一致は、科学者において可能になる」

橋田は計画では一二巻の研究書としてまとめたいとしていたので、先人の業績には後づけとして触れようとしていたのかもしれない。だが、「行としての科学」を実践するなかで、そして陽明学の基本を追究するなかで、自然に出た知恵として科学を識るに至ったのだ。

山内は、橋田の『釋意』には余裕があると感想も漏らしているが、科学と宗教を同時に追究しようというはりつめた緊張感があることは間違いない。山内の「橋田道元」を読み終えてみると、畑の「橋田道元」において泰然自若としていた橋田が伝わってくることに気づく。

3 自由な研究者でありたかった橋田

❖昭和を象徴する華やかな橋田

橋田の業績にこだわりすぎたので、ここでは橋田の人生の展開に戻ることにしよう。

橋田一家は荻窪に引っ越した。およそ二五〇坪・平屋建ての瀟洒な家の前には芝生の広い庭があり、低い松の木が何本か植えられた。一二〇〇坪の敷地・三〇〇坪の建屋という小石川の新渡戸邸は別格としても、天皇機関説で糾弾された美濃部達吉は渋谷松濤に、人民戦線事件で起訴される大内兵衛の家は新宿柏木に、五〇〇坪の家をもっていた。これらに比べれば狭く、都心からは遠いが、帝大教授としてはまずまずの構えである。

この引っ越しは、他の弟子たちとも図って山極一三が企図したものだ。斎藤彌知と結婚していた山極の家が現在の杉並区宮前三丁目、そして橋田の家が南荻窪一丁目と、歩いて一〇分ほどの距離となり、さらに行き来がふえた。

彌知はお茶の水女学校を卒業後、ケンブリッジ大学で学位を取った。初代の津田梅子や大山捨松などに続く第二世代の海外留学子女ということになる。だが、日露戦争後になっても、女子に教授職や研究職の道が広く開かれていたわけではない。本人は新生日本のために働くことを夢見ていたが、男子留学生と違って政府に登用されることもなく、空しく日々を過ごすことになった第一世代と変わりなかった。

そこで彌知は、日本の大学も出ておこうと津田塾大学に通った。津田では多くの友人を得たが、なかでものちに和辻哲郎の妻となる高瀬照とは親しく、生涯お互いに行き来した。

橋田家が近くなって、彌知は山極と一緒に橋田を訪ねた。橋田もまた、話題が豊富ではきはきした会話をする彌知を気に入ったようで、彌知が来るのを楽しみにしていた。彌知も橋田のことを「五歳違いの兄ということにしましょう」と気後れせず、話題をもちかけたりした。橋田もぶらりと、夏などは浴衣掛けで、山極家を訪ねてきたりした。

さて、橋田は、総持寺にも講演に出かけたことがある。同道した若林勳は最初に「私は信者じゃない」と橋田がいったことを鮮明に記憶している。この話を若林から聞いた長谷川鋏一郎は、フランス留学時に友人の片山敏彦からロマン・ロランの臨終の手紙を読み聞かされた時、そのなかに「私はキリスト信者ではない」という一節があることに強く魅かれた。そこで、橋田に「信者じゃないとはロマン・ロランの辞世の手紙にもありました。先生が同じことをおっしゃったのはなぜだろうと考えているのですが」と聞いたところ、橋田は「それは自由でありたいからだ」とぽつりともらした。

橋田は自由な研究者でありたかった。一高の校長を文部次官の伊東延吉から打診された時、橋田は研究ができなくなるからと、いったん断っている。

一高の校長というのは文部官僚が自分の手で選べる最高のシンボリックなポジションだった。伊東が目をつけたのは、自然科学の最先端に立ちながらそれをアジア、日本の立場から捉え直すことを説く橋田こそが、昭和の時代を象徴すると考えたからである。生理学者の橋田には古色蒼然たる日本思想家はもちろん、西田にも和辻にもない華やかさがあった。

❖橋田を見出した文部省の伊東延吉

橋田に一高校長の白羽の矢が立つには伏線があった。伊東と橋田を結びつける糸である。それは三六年に文部省に外局として設置された教学局との関係である。文部省に教学局が設置されるに至った経緯は、天皇機関説事件以降盛り上がった「国体明徴」の声に、三五年八月には岡田内閣が、一〇月には林銑十郎内閣が「国体の本義」を明らかにする対応を迫られた時に遡る。

伊東は、内務省出身で文部省に転じた革新官僚の一人である。役人には類例のない思想家と評された伊東は、学生部長、思想局長を歴任した思想教育担当者である。この経歴は、京都学連事件、三・一五事件などを通じて学生の左傾化が問題になり、その思想を善導する目的で設置された部局が拡大強化された部局で、伊東が中心的な役割を果たしたことを意味する。

国民精神文化研究所は、伊東が学生思想問題調査委員会に答申し、学生生徒左傾への対策として「わが国体、国民精神の原理を闡明し、国民文化を発揚し、外来思想を批判し、マルキシズムに対抗するに足る理論体系の建設を目的」として三三年に設置された、文部省の研究機関である。庁舎は品川区上大崎にあった。マルクスに対抗するという点で経済は重要であったが、その事業部にはマルクス経済学に傾倒した学生を転向させる役割が与えられていた。

国民精神文化研究所の設置を決めた伊東本人は二代目の所長になったが、外局に出る前の三五年に、文部大臣の諮問機関として教学刷新評議会を立ち上げるなど、内局でいくつかの思想関係の仕事をしている。それはマルクス否定よりも、日本精神の高揚への軸足変化の過程でもある。

評議会は、建前として教育と学術の緊密化はもちろん、国体原理に基づいて新たな「知」を教育の世界にも学問の世界にも創出し、再編していこうというものであった。幹事となった伊東は議論をリードし、「教学刷新に関する答申」をまとめた。そして答申に基づいて思想局を改変し、外局として教学局を設けることになる。

「教学刷新に関する答申」に続いて、伊東は思想局長として『国体の本義』を責任編集した。

佐藤優は『日本国家の神髄—禁書「国体の本義」を読み解く』のなかで、対談した立花隆の言をひいて『国体の本義』の主要著者として橋田を挙げている。

だが、残念ながら橋田は編集委員にもなっていない。ヒアリングを受けた形跡もない。その点で、佐藤も立花も間違っている。

内容や参考文献を見ると、委員の山田孝雄が三三年に上梓していた『国体の本義』が参考に付されたことは間違いない。国民精神文化研究所所員を兼任していた京都大学教授作田荘一が、結びの精神で国民経済は動かされてきたと持論を展開すれば、学習院大学教授から国民精神文化研究所の哲学科主任・事業部長になっていた紀平正美は、和の精神を日本の特徴として捉えた。この紀平は橋田のことを買っていた。紀平は、国民精神文化研究所の講演のなかでも「科学ということがほんとうにわかっているのは橋田邦彦君である」と称揚している。

一方、紀平は西田幾多郎から買われていた。あるいは頼られていた。『西田幾多郎全集』にも未載の一一通の書簡が発見され、紀平正美が壮年期の西田からアドバイスを求められていたことがわかったのである。『善の研究』の出版をしようというころのことだ。

「実在」「純粋経験」といった用語のこと、書名を『善の研究』にすること、出版広告文執筆のことなど広範である。知られているようにヘーゲルの本格的な紹介をしたのが紀平であることから、西田にアドバイスしていたとしても不思議ではない。

ところでこのパンフレット形式で出された『国体の本義』の起草者に、国文学者で東大教授の久松潜一があてられていた。和辻は、当時まだ発禁にはなっていなかった津田左右吉の文献を消化した上で書く必要があると指摘したが、憲法学者の井上孚麿は「神勅の正統性」をきちんと書き込むことが鍵になるとコメントした。仏教学者の宇井伯寿のコメントは、天皇に関する書き込みが抽象的に流れると、誤解が生じたり過激な解釈が生まれたりするので、留意する必要があるというものだ。

しかし、実際には編集嘱託の若手が頑張って下書きをした。そのことを指摘したのは、国民精神文化研究所の国文学系の助手志田延義である。

志田は小川義章思想課長のチェックを受け、何度も書き直して伊東局長に見せ、それを委員の閲覧に付して原案を書き上げた。相反するコメントを反映させることは困難だが、何度も書き直し、さらに伊東局長がもっとやさしく書き直させた。これには久松が不満をもらした。

『国体の本義』は、政府が押し込まれて天皇機関説を引っ込めざるを得なかった経緯を踏まえて、「天皇は統治権の主体であらせられるのであって、かの統治権の主体は国家であり、天皇はその機関にすぎないというのごときは、西洋国家学の無批判的の踏襲という以外には何らの根拠はない」と断っている。

また、「教学刷新に関する答申」の冒頭で述べていた「天壌無窮の神勅」に基づく天皇による統治こそが「国体」であるともうたっている。伊東の書き直し指示で明確にそうなったともいえる。

だが、国家神道の長として天皇を掲げる以上、宇井が指摘するように抽象的でなく書き込んでおかなければ、一を得れば次を主張する陸軍、右翼政治家たちの拡大解釈を防ぐことは不可能である。

そこで用意されたのが、近代化の成果と方法に関して「西洋近代化の顕著なる特色は、実証性を基とする自然科学およびその結果たる物質文化の華やかな発達にある。……自然科学はもとより精神諸科学の方面においても大いに西洋の学問を輸入し、もって我が国に学問の進歩と国民教育の発展を図ってきた。……それら学問・教育が、分化し専門化して漸く綜合統一を欠き、具体性を失うに至った」という下りである。

このあたりは、西田や和辻というよりも橋田の主張に似ているが、民主主義の否定などもあり官僚の作文だろう。

橋田は編集に直接には携わっていないので、立花・佐藤の主張は間違っているが、橋田の主張が反映している可能性は否定できない。

その理由の一つは、主作者に擬せられる久松潜一と橋田の類似である。二人は東大の学内で「まこと」をテーマに講演をしたことがある。橋田が先で続いて久松が登場した。両者の間に打ち合わせがあったとは思えない。しかし表現と色彩こそ違え、内容は期せずして一致し、説くところともに構想雄大、博引無辺、時間のずれこそあれ、驚くべき協和と階調をもって、名匠のデュエットを聞いたようだったと、当時医学部で同僚だった田宮猛雄は回想している。

今一つは、編集者が二つの作業をしていく過程で、橋田の著作を読んだということである。ことに伊東の場合、橋田の主張に注目し『空月集』『碧潭集』などを読んでいたことは確かだ。

伊東は次官となり、「教学局」の初代局長官にはやはり内務省出身で文部省における思想問題を担当してきた菊池豊三郎が就いた。教学局は教育の高度化をうたい、各方面に協力を呼びかけた。その協力体制のトップ組織に「政教学術協会」がつくられ、そこのメンバーの一人に橋田が呼び込まれた。廣田首相に科学の重要性と生物系の総合研究所をつくれと直接訴えた行動力、科学に期待を寄せる時代性が買われたのだろうが、行によって学力を向上できればという期待も強かった。

政教学術協会の委員として、先端研究の教育への還元策として「日本文化研究講習会」が開かれ、その自然科学部会の第一回講習会が三六年に開かれた。橋田は「行としての科学」と題する講演をしている。

その内容は、東京高校や医学会などでの講演内容とともに編集され、岩波書店から『行としての科学』として上梓されている。橋田を敬愛してやまない山極一三の編集によるものだ。『行としての科学』は版を重ねているが、当時向学心に燃えた人にどれほど受け入れられていたかを、農林学校卒ながら高等文官試験に合格し内務省役人になった松尾信資が述べている。新潟の高田中学に勤務しているころ、選ばれて日本精神文化研究所の研修に参加した時に『行としての科学』を知って読んだというのである。

松尾は非常に感銘を受け、失礼とは思ったがその感激を手紙に書いて、さらに教えを請うた。返事は橋田ではなく橋田の意を呈した山極一三からだったが、懇切鄭重な書き振りにまた感激したという。手紙には『碧潭集』を読むようにというアドバイスとともに、松尾が関心をいだいて学んでいると書いたことから、『正法眼蔵』についてのパンフレットも含まれていた。

伊東は再度橋田のもとを訪れた。一高校長の負担を少なくするなど最大限の努力をするから、再考してくれと引き下がらなかった。弟子たちはこぞって止めるだろうと橋田は思ったが、一人だけ勧めた弟子がいた。助教授になっていた東龍太郎である。東は、のちに東大教授、茨城大学学長、東京都知事になった。東が推進派であることを知った一高側の黒川教授は東に接触し、東大教授兼任のままで校長を務めてもらえるよう校内の体制をきちんとしているから、東からも橋田を説得してほしいと要請してきた。そして東は、確かに負担を軽減し研究も続けられると橋田に伝えていた。

橋田も、一高校長がもつシンボリック性に関しては意識していた。再度の要請に一晩考えたあと、時代が自分に役割を果たせといっているようだと、引き受けることにした。その心境を

「校長はやりたい人がやればいいというものでもない。一方、やりたくない人がやることがあってはならない。自分はその中間だ。その立場で何かの役に立つかもしれない」

送別会で研究員たちは荒れた。翌日、一高の学生たちが校旗を立てて迎えに来た。橋田は行進の列に加わり、あたかも連れ去られるようだった。研究員たちは「なぜ見捨てるのか」と涙した。

学外の人が就任祝いをした時、橋田は「私は日本の生理学の捨て石となるつもりでおりましたが、生理学教室の実験室などを見ますと……」と挨拶を始め、眼鏡に手をやった。その席にいた若林は、橋田の目にきらりと光るものを見た。

これが科学者橋田の運命をやがて大きく変えることになる。第一次近衛内閣の成立によって文部大臣となった安井英二と、毎月の政教学術協会で顔を合わせることになったからである。

❖橋田、一高校長になる

旧制の一高はナンバースクールの頂点に立つ高校で、各学年三〇〇名で、一〇クラスに分かれていた。高校に入れば大学への進学は確実で、総勢九〇〇名が全寮制の宿舎で暮らしながらお互いの教養を高め合う機会と考えられていた。いわゆる教養主義の権化である。

だが昭和に入ると、大正デモクラシー時代の教養主義は古臭く、否定されるようになっていた。宮本顕治の芥川批判「敗北の文学」が雑誌「改造」の懸賞論文に当選したころのことだ。東大経済学部の宮本が、友人たちと合宿しながら論文を書き上げたという点では「大正教養主義」の作法に則っているが、芥川の著作がブルジョア芸術家の苦悩だと階級史観から批判したのはマルクス主義など左傾化する「昭和教養主義」の先駆となった。

宮本は松山高校時代に共産主義に共鳴していた。だが、小林多喜二の拷問死は三三年で、教養主義の鬼っ子として生まれたマルクス主義弾圧のために学生の読み物がなくなった。そうした空白を埋めるような形で、新しい教養主義の旗手として現れたのが、三五年に『第一学生生活』を上梓した河合栄治郎である。

河合は二・二六事件を痛烈に批判し、社会民主主義（河合は第三期主義と呼んでいた）を唱えていた。翌三六年には河合を編者として『学生叢書』全一二巻が発刊され、そのうち『学生と教養』は発行後三年で二四刷、『学生と生活』は三三刷を数えた。そして昭和が進むと日華事変が起こり、日中戦争の重苦しい空気が本郷から駒場へ移った学園を覆うようになっていた。

橋田が校長に任命されたのは、このような情勢にある時である。任務について間もない時に例年行事となっていた日光行軍があった。ところが、出された弁当が悪かったためか、いくつかの宿に分宿していた学生たちのあちこちから食中毒症状や腹痛を訴える者が続出した。

容態に急激な変化が表れる者もあって、付き添っていた寮医の戸塚忠正は、暗くならないうちに足尾銅山病院に救援を求めるかどうか迷った。足尾銅山は、今日では鉱毒の場としてしか記憶されていないが、当時は安全第一を掲げる先端事業所の一つになっていた。

しばらくすると、軽症状の学生のなかから快癒するものが現れた。戸塚は橋田に救援を求めなくても大丈夫であると報告し、橋田も同意した。だが、橋田は外出着を脱ぐことなくすべての重症者の症状が快方に向かっていることを確かめるまで、どっかりと座ったままだった。

新校長は腹がすわっている、責任感もあるとの評があがった。だが、それで橋田がすんなりと一高から受け入れられたわけではない。数学の黒田教授のように積極的に橋田の受け入れに奔走した勢力もいれば、ドイツ語、法学を教えた三谷隆正教授のように、橋田は自由を圧迫する人物だと反対する勢力もあったのだ。

つまり橋田も、新渡戸稲造も経験したという伝統の一高教授連、さらには学生による校長いじめの洗礼を受けなくてはならなかった。

牧野文部大臣が新渡戸を一高校長に任命したのは、日露戦争での勝利がバンカラ、孤高主義で鳴らした一高を、いっそう傲慢で国際性のない学生にしてしまうことを恐れたからである。新渡戸の場合、社交性や一般教養が軟弱な学生を生むという懸念があった。弾劾論文「精神を失いたる校風」を書いたのは和辻哲郎だが、その路線での糾弾演説では、東大生末弘厳太（のちの東大法学部長）の茶話会での糾弾は有名だ。

高校教授たちの間では、「主婦之友」や「実業之日本」など大衆誌に寄稿する帝大教授、一高校長がうとましかったのだ。開けすぎているというのだ。だが、学問で新渡戸を抜く実力があるのかといえば、西田のように高校教授から大学教授に転じる者もいるが、多くは高校教授で終わる。そして、自分たちのなかから校長が選ばれて一高の運営に携われることがないという諦観、閉塞感があった。

一方、橋田の任命には、先に見た大正天皇と昭和天皇の教育方針の転換の高校版だという側面がある。日露戦争後の日本は、安閑としていられない状況下で人格教育が求められたのだ。だが、日中戦争下という緊張感から、一般教養よりも専門性が重要ではないかという迷いも生まれていた。その点で、時代は変わっても教養主義、放任主義でよいという三谷隆正の主張は明快だ。しかし多くの教授たちには、不安があって、誰かにそれをぶつけなくてはならない。したがって、三谷のように陽性に反対する勇気もなく、芙蓉会の助教授のようにうじうじするのである。

橋田は恬淡としていた。人格を形成する手助けをし、専門性への関心を見つけさせればよいというのである。新渡戸は倫理学を担当し、『論語』の「学而」を噛み砕き、例えば「はがきでいいから、親に近況を知らせ、一銭五厘の親孝行をしなさい」といった講義をした。

これに対して橋田の講義は、中江藤樹などの雑誌「陽明学」に登場する人物のエピソードを語りながら道徳を語るものである。西郷隆盛の人間の大きさに触れながら、ガリ版刷りの『南州手抄言志録』を取り上げたこともあるようだ。

新渡戸はキリスト教に基づく道徳を説いたのではないかといぶかる向きもあろう。だが、新渡戸の一高校長時代に陽明学会が創立され、そこで彼は渋沢栄一、井上哲次郎といった陽明学の実践者、さらには大隈重信とともに基調演説をした正会員なのである。その学会機関誌が「陽明学」で、橋田は子供のころに兄と奪い合って読んだものだ。

考えてみれば、『武士道』は陽明学をベースにしている。二人は陽明学徒としての共通点をもっていたことになる。新渡戸門下生を自称していた河合だったが、留学先のイギリスで出会った新渡戸の印象は「保守化していた」だった。

橋田は、生理学教室でしていたように、朝来ると香をたき、静かに業務をこなしていた。医者であることから、学生のなかには結核にかかったがなお医学部に進学したいという者がいて、校長のところへ健康相談、人生相談などにやってくる者もいた。弟子の杉は、こうしたことを平常心でのぞんだ橋田校長の姿は壮観ですらあったといっている。

当時の一高生であった高木彬光は、戦後の五一年に出版した推理小説『わが一高時代の犯罪』で橋田校長を実名で登場させている。全体のトーンは、時代の圧迫感を漂わせながらも旧制高校時代の雰囲気を懐かしむものだ。

では、実名で登場する橋田は高木からどう評価されたのだろう。高木は橋田にひたひたと押し寄せる戦争、軍国主義の象徴を見出し、三谷に一高の良心を見たとする。そして河合の『学生と生活』は寮生の間で依然としてバイブル的存在だったと報告している。

河合は豪胆さをもってなる人物である。その豪胆さが、時の権力者、軍部を批判する胆気となったことは間違いない。しかし、自分の生活はといえば、留学先では人妻に言い寄り問題を起こし、大学では経済学部のなかで徒党を組んでその多数派の領袖格として行動し、大内兵衛や有澤広巳など少数派のマルクス労農派と対峙して、喧嘩を売っていた。

それも、時代状況が軍国主義の色合いを濃くしてくると、土方成美など国家主義派が台頭して少数派に転落した。

これは三八年になってからのことだが、『ファッシズム批判』など四点の著作が発売禁止処分とされ、翌年これらの著作における言論が出版法違反に問われて河合は起訴され、戦艦大和の設計者として知られる平賀譲東大総長の裁定で休職の命令を受けた。いわゆる平賀粛学である。河合は、三羽烏とされた弟子の安井琢磨・大河内一男・木村健康にも粛学抗議の辞表を提出させたが、大河内・安井は師の「撤回するべからず」との言に逆らって残留した。

休職になった時、河合は予定していたミルの『自由論』の翻訳をする気にはなれなかった。失意の河合を支えたのは鶴見佑輔である。河合は鶴見より六歳下で一高時代に鶴見の演説を聞いて感銘し、すでに鉄道院に勤めていた鶴見に私淑した。鶴見は、新渡戸の最初のアメリカ講演旅行での秘書的な役割を務め、新渡戸の仲人で後藤新平の娘と結婚し、衆議院議員になっていた。実力派の伯爵の娘と結婚した鶴見は、体制に組み込まれるほどに保守化していて、それだけ余力もあった。だが河合を援助したのは、それ以上に二人の間に強い友情があったからだ。

河合の「何か漏らしたい感慨」によって書き下されたのが、河合教養書の白眉とされる『学生に与う』である。これは一四〇版を重ねた新渡戸のベストセラー『修養』にも劣らないベストセラーとなっていく。

そのなかで河合は、「現実の自我と対立して、理想の自我すなわち人格が与えられたならば、現実の自我は理想の自我たらねばならない、たるべく努力せねばならない。これが『教養』ということである」と、人格へ向けての自我の成長・発展を説いた。

その河合栄治郎を、橋田はまったく評価していない。まず、学問としてもイギリスの誰それはこういっているというデハノカミ論文で、体系ができていないと切り捨てた。橋田が評価したのは学問体系である。

橋田が幹事を務めた生理学会では、京大の石川日出鶴丸とその弟子で北里柴三郎に評価され慶大教授となった加藤元一との間で、興奮波をめぐって減衰か非減衰かの議論が白熱し、毎回の大会ではたいへんな話題を集めた。橋田幹事のさばきも好評だった。

弟子の井上清恒が、論争をどう見ているのかを聞いたことがある。橋田は「議論がかみあっているのは、石川の開いた研究体系がしっかりしていて共通の基盤があることだが、師と堂々と渡り合える加藤も優れている。出藍の誉れというべきだろう」と答えている。

橋田には、教育者というのはどれだけ弟子を育て、弟子たちの信頼を得ることにあるかという考えがあった。河合の場合、近代経済学の安井、木村、そしてのちに東大総長にもなった労働経済学の大河内などすばらしい弟子もいたが、彼らに暴君としてふるまい、背かれている。加えて経済学部は内部紛争が絶えず、集団のガバナンスもとれない河合が学生に向かって、「君たちには理想主義か利己主義かの選択がある」などと論じたことも軽蔑の対象となった。

やがて河合は「国民を代表する政府が戦争遂行を決定した以上、それに反対した国民も男らしく快活に服従すべきだ」などと説くようになる。人格主義を唱えながら「男らしさ」「自己犠牲の精神」とは、いかにも薄っぺらな言葉である。橋田は河合を嫌っていた。

高木彬光の橋田評を見ておこう。「橋田校長の身辺には、絶えず峻厳の気がみなぎっていた。孤高、低きに下るをいさぎよしとしないその性格は、ややもすれば狷介に近くなった。尊敬はされたが、敬愛はされなかった。死屍に鞭打つつもりはないが、博士は一高の校長になるべき人ではなかったと思う。思想家、学者としては当代の逸材であっただろう。人格者としても稀に見る人物であった。しかし、博士には青年の心をつかむ魅力がなかった」。皮肉たっぷりで、好意的でないことは確かである。

戦後にベストセラーとなった『女のいくさ』を書き、直木賞を受賞した作家の佐藤得二は、戦前には一高教授を務めた。「えっ、あの佐藤先生が？」と生徒主事として受けのよかった佐藤と直木賞のイメージが合わず、のちに大蔵省に勤めた金子知太郎は、自分たちを驚倒させたと振り返る。だが、瀬戸内寂聴など、他候補を抑えての堂々の受賞である。

その佐藤が、「安倍能成、やっていますよ。例によって死人にムチ打っていばっています。自分をキレイに飾ろうとして」（エッセイ『夢の中』）といっている。戦後に安倍能成が「橋田校長は右翼で戦争に若者を駆り立て、一高の伝統を傷つけた」といった類のことをいっていたことに対する佐藤評である。

安倍は戦後、文部大臣になったが、ＧＨＱのダイク教育局長とのやりとりのなかで、「教育勅語は偉大な文書であり、それ自体の価値は大きいから、誰にもわかるような文体のものがでたとしても、以前の教育勅語は保存したい」と教育勅語の擁護論をぶっていた。やがて自分の「誤り」に気づいた安倍は、それを正さなければならなかったのである。高木彬光にも安倍がしたような傾向があったのではないか。

日露戦争の直前の〇三年に、一高生、藤村操が「不可解」との言葉を残して華厳の滝に飛び込み自殺した。近くの大樹の幹を削って「巖頭之感」と題した一文が墨書されていた。大きなショックを受けた一高の同級生一七人が進級試験に落第し、そのなかに安倍もいた。

ショックを受けたのは安倍だけではない。英語を教えていた夏目漱石は、授業で藤村に英文和訳をするようにあてたところ、「やっていません。やりたくないからやってこないのです」と答えたので、「勉強する気がないなら、もう教室に来なくてよい」と突き放していた。安倍がのちに漱石門下の四天王と呼ばれる関係になったのも、ショックを受けた者同士なのだ。

生徒との懇談の折、上級生の一人が安倍に「先生のように頭のいい人が、なぜ一高で落第を経験したのか」と無邪気な質問を投げかけた。質問した生徒も他の生徒もこのエピソードを知らなかったようだ。「日露戦争後の煩悶する一高生」の時代は終わり、「英米と戦争をしている時代の一高生」へと変わっていたのだ。

生徒の質問への安倍の答えは「失恋したから」だった。さらに生徒たちが問い詰めると、藤村操の妹恭子と恋愛関係にあったが危機に陥った。しかし恭子が結局、現在の安倍夫人であると聞いて、懇談からの帰り道に「なんだ失恋じゃなくて得恋ではないか」という話になったという。

そうしたナイーブな印象もあってか、金子は、背の高い安倍が閲兵式もどきのイベントで白髪を風になびかせながら、生徒の敬礼にいちいち挙手の礼を返していたのは痛ましい感じを受けたという。

だが、通商産業省（現経済産業省）の筆頭局長の産業政策局長を務めた宮本四郎の印象は違う。全寮晩餐会では橋田を見かけたぐらいで、その人物まではよくは知らないが、三年の接触があった安倍のほうがより政治家のように感じたという。

金子も、宮本の見方に同調する経験がある。例えば、先の佐藤が文部省に転出することになっての送別会での安倍の発言だ。生徒主事として面倒見のよい佐藤を失い大変だなと感じていたが、安倍は「佐藤くんが督学官になるのも、まんざら意味のないことではない」と挨拶し、追い出したことを示唆した。

一高校長から文部大臣という意味では、橋田・安倍のあとを追った天野貞祐からも、帰り道が一緒になった時、「なにしろ安倍さんはボスですから」といわれて、金子ははっとしたという。

宮本は、「安倍さんは人の好き嫌いがはっきりしていたが、一高はバラエティに富んだ教授や生徒を包摂できる存在で、それゆえに切磋琢磨できる場だったことは間違いない」という。天野が一高校長の辞任を願い出たのも、橋田が学徒出陣に反対して辞めたように、六・三制に反対する意思を示したかったためではないかと総括する。


銀行家田島道治は、橋田の一高校長就任の年に、昭和銀行の退職金を前借りして自宅の庭続きに明協学寮を建て、若い学生たちをひとかどの人物に育てるエリート教育を始めている。

新渡戸稲造が三三年に亡くなり、田島は三五年に自分が中心になって記念行事をした。渋沢を尊敬していた田島は道楽だといっていたが、新渡戸のところに押しかけ書生として住み込み、薫陶を受けた体験を、多くの学生に味わわせようという意図だったようだ。

学寮には電気洗濯機、電気掃除機が備え付けられ、各界の一流の講師を招いて話を聞かせ、きちんと質疑ができるように仕向け、帝国ホテルでフランス料理をナイフとフォークで食べさせた。時には銀座に連れ出してバーで飲ませたこともあった。モダンな消費文化の一端を経験させようというのである。学生も紳士であれということを身をもって示し、どこに出ても物怖じしない人物になれという意図だったようだ。

田島は、これからは科学・技術を伸ばすべきだと、初めは医学・工学の学生を寮生の中心としたが、やがて考えが偏るとして文系と半々にし、自身も毎週『論語』の講読をした。

俗人田島は、自分の経験を語る形で明協学寮に入れた大学生たちに『論語』を読ませ、橋田邦彦は『論語』の批判的読み方で最高潮に達した中国のルネッサンス期、宋の時代の陽明学を現代社会に読み込もうとしたのだ。和辻は西洋のヘーゲル、マルクスの洗礼を受けた昭和ルネッサンスの倫理として『論語』の現代解釈をして見せようというのである。いずれも人格形成を目的に『論語』を現代の視点から読むことを試みている。

では、田島が寮生たちに期待した人物像とはなんだったのか。寮生の一人、生源寺治雄は「将来よい社会人、よい日本人として、各自の持ち場で分に応じた貢献をすることだけを念頭に置いていたのではないか」と語っている。「処々に主たれ」というのは『正法眼蔵』の言だ。橋田も分家の弟篤のために揮毫しており、私も倉吉にある橋田篤旧邸の玄関にそれが掲額されているのを見た。

だが、安倍派、橋田派というのがあるとすれば、寺田寅彦ファンを自称する田島は安倍派である。田島は寺田寅彦と飲む時には、相伴方に安倍を呼ぶことが多かった。

ただし、田島にとって安倍は、新渡戸邸に一緒に住み込んだ弟の達介の同級で、田島が京城に出張した時、知らせもしていないのに京城大学で教授をしていた安倍が訪ねてくる弟のような存在であった。戦後安倍が文部大臣になって、日本育英会をやってほしいといってきた時、どうして隠居仕事をもってくるのかと内心不満だったが、田島は安倍の顔を立てて理事長を引き受けている。

この田島と橋田を師としたのが、三期生として三九年に明協学寮に入れてもらった内薗耕二だ。内薗は自分のバックボーンが田島の薫陶によって形成されたとし、のちに元寮生たちから資金を募り、加藤恭子に田島の伝記を書くように依頼した。生まれたのが田島日記の発見によって書かれた『田島道治――昭和に「奉公」した生涯』である。そして、生理学では橋田の何代かあとの第二生理学講座を継ぐ教授になる。

この期には、のちに大蔵省主税局長などをやり議員となって経済企画庁長官になった塩崎潤もいた。塩崎恭久厚生労働大臣の父だ。塩崎は田島からなぜ官僚を志望するのかと聞かれ、「自分の経綸を活かして国民を指導したいためだ」と答えると、田島は「官僚はシビルサーバントであろう。市民社会に奉仕するのが筋で、指導などとは間違っている」と強くたしなめた。

第四章

橋田、文部大臣になる

日中戦争が長期化、泥沼化し、国民はじりじりとした不安に駆られ、なんとか出口を見つけて決着をつけたいと望むようになっていた。求められたのは、時代を生き抜く国家ビジョンを示し、国民の不安を鎮め、希望を抱かせることだった。

だが政党政治は機能不全に陥り、軍部が政局を左右するようになって、既存の政治家、軍人、官僚などへの国民の不信感は極度に達していた。そうした空気が、既存の政治家とは少し違う近衛文麿への期待を生み、近衛もまたそれに応える形で精動と政党政治の合流への動きを受け止める新体制を模索した。そうしたなか、近衛内閣が誕生し、橋田を見出すことになった。

橋田が一高校長に引き出された時、多くの弟子は学問一途の橋田の人生が大転換したと見ている。なかには橋田の人生がゆがめられたという人もいる。確かに学者としての橋田は終わったが、橋田の人生は本当に運命に狂わされたのだろうか。

昭和という時代に沿った橋田の人生は、そこから始まった。それまで別々の人生を歩んできた人間が近づき、親しかった人間が別れる人間模様を、時代の変化を追いながら見ていこう。

1 軍に対抗するための新体制

❖強力な党の出現を避けた近衛

近衛は、いつも軍との関係を模索していた。軍部に対抗して独自の政策を展開するには、軍部を圧倒する勢力をバックに政治をしていく以外にないと感じるようになっていた。三八年以降の高度国防国家を見ると、軍がリードする形の一国社会主義に類似する組織形態をとっていると見たからである。

しかし、先の近衛新党のような失敗も許されず、また明治憲法下では一党独裁は不可である。仮にそうしても軍がそれに浸透してしまえば当初のもくろみが崩れる。近衛は、新党ではなく政党組織ではない新体制を目指そうとしていた。

なぜ新体制なのか。昭和デモクラシーを担う政党はどうなろうとしていたのか。実は、政党は分裂の危機に直面していたのである。

時は近衛内閣に先立つ米内光政内閣の発足直後のことである。議会では民政党の斎藤隆夫議員の有名な「反戦演説」が行われ、国民の大きな反響があった。斎藤は「聖戦という美名に隠れて国民に犠牲を強いている」と論理をつめて批判し、「いかなる条件のもとで戦争は終わるのか、明らかにせよ」と迫った。軍にモノ申したという点で、戦前にも斎藤の人気は高かった。だが戦後は、「反戦演説」の「反戦」だけが独り歩きした感がないでもない。当時、議会はこれをめぐって四分五裂していた。演説自体は、日中戦争の目的が「東亜の秩序樹立」という抽象的なものでは、多大な国民の犠牲に見合っていないというものだった。斎藤演説は領土や賠償金を取れば、国民の犠牲に見合うという論理になる。

そこで社会大衆党は、これは今戦っている戦争を帝国主義戦争とみなすものだと糾弾し、政府の側にまわって斎藤の除名を要求したのである。

左派の社会大衆党にとって、今戦っている戦争は、断じて帝国主義戦争であってはならなかった。党書記長の麻生久は、「われわれは現在も、帝国主義戦争には絶対反対である。しかし今次の支那事変は民族発展の戦争であって、資本主義改革を要求する国内改革の戦争である」と述べていた。ここで波風を立て、声高に自己主張することで他の既成政党と差別化しようとしたのである。

リアリストの斎藤が思わぬ反撃にあったのである。政友会は分裂しながらも賛成し、守勢に立った民政党も多くの棄権議員を出しながらも同僚議員の除名に賛成した。そのため、民政党はさらに分裂してしまった。

政党が混乱をきたすなかで、新党を最初に模索したのは社会大衆党である。続いて政友会の久原房之助グループが動き出し、党派横断的な新党の結成を目指した。しかし、新党の動きを加速させるためには強力な党首を必要としていた。多くが近衛を想定した。

長谷川如是閑は、確かに近衛は現状維持でない何かをする期待がいだけるが、公爵という高貴の出である近衛にあまりに期待するのはどうかと、市民革命を経ていない日本の現状を嘆いた。しかしその時には、近衛は前述のように新党を目指さないとしたのである。

各政党は解党して新党の結成を期した。だが、近衛は一党独裁の形にしたくない、つまり政党にする気がなかったのである。軽井沢でそれを聞かされ、新党を想定していた矢部貞治は驚いた。近衛の意向を汲んでできることは限られ、大政翼賛会という形にならざるを得なかった。今日インドネシアなどで見られる職能別組織である。満州国の協和会にも似ている。

近衛内閣成立後の三九年に誕生した大政翼賛会は、一国一政党の独裁政党ではない。政党は早まった解党をしてしまったことにもなるが、翼賛会は旧政党の政治の場と変わりなかった。

学習院大学学長の井上寿一は、『日中戦争下の日本』のなかで、この翼賛会がファシスト的なものではなく、国民政党化した社会大衆党なども巻き込んだ政党の大連合であったとする。この内部で競いながらイデオロギー、予算審議などで近衛の政策を批判していたからである。このため、近衛は議会勢力に振りまわされていた。その意味で、井上の見方では昭和デモクラシーの到達点との評価になる。

国民政党化した社会大衆党が、正式に政権党を構成する政党になったという意味では、イギリス労働党の政権への第一ステップのところまで来ていたことになる。坂野潤治は、こうした重大なことを戦後の日本社会党がまったく言及しなかったのは、「日本海中心時代」の寄稿者鈴木茂三郎が委員長に就いたことと関係があると考える。

戦前の選挙では、友愛会の鈴木文治が四〇万票と全国一の得票を得たのに対し、鈴木茂三郎は二万票しか得られなかった。一方、戦後では鈴木茂三郎が人民戦線事件に関連して逮捕されたことのほうが勲章になった。そのために戦後、社会党は吉田茂に裏で支持され再軍備に反対するなど抵抗の党として売り出し、結局政権の座には就かず階級政党を脱皮できずに終わったというのである。

❖近衛構想は三国同盟、国内新体制、対米交渉

近衛は、首相就任をいったん断っている。国内新体制、翼賛会の創設を優先したいというのである。ドイツでも、イタリアでも、国民運動の結果として政権を獲得している。運動にこそ意義があるとすれば、それは当然のことだ。

にもかかわらず近衛は首相就任を引き受けた。陸軍が、ドイツでの快進撃という好機を捉え、

念願だった同盟を結ぼうとし、条約派の米内光政内閣に代わる近衛内閣を求めた。これまで外務省の和平派、海軍の条約派の反対と、ノモンハン事件、独ソ不可侵条約の締結などがドイツとの同盟締結を押しとどめてきたが、フランス、オランダの敗北で東南アジアに空白が生まれ、ドイツと手を組むことは潜在的に日本にはチャンスという大衆心理を利用しようとしたのである。また、海軍も反対ばかりではなさそうだという読みがあった。

第一次近衛内閣は、陸軍に煮え湯を飲まされている。軍を押さえ込めるのか。近衛は松岡外相なら軍が賛成すると読み、陸軍に恩を売りながら、松岡が陸軍の行動を押さえ込むことを期待した。一方、近衛と親しかった松本重治は、近衛に首相に就くように強く勧めたのは、外相をやりたかった松岡洋右ではなかったかと見ている。近衛と松岡の関係はヴェルサイユ以来のものであり、近衛が松岡を相当買っていたことも確かである。

しかし廣田弘毅は、松岡を外相に据えるのは危ないと近衛に東郷の起用を勧めた。西園寺もまた「今ごろ人気で政治をやろうなんて、時代遅れな考えじゃ駄目だね」と近衛の就任を牽制していた。近衛はそれに反発したのかもしれない。自分には構想があるというのである。

では、近衛はどんな構想をもって政権に就き、政権と運動とが逆転するのをどう考えたのか。近衛には、この間に国内新体制を確固たるものにし、それをベースに日米の良好な関係を再構築するという意図があった。つまり、第二次近衛内閣は、一方で英米との平和を求め、他方でドイツとも友好を深めるという構想であった。バランスオブパワーが成り立つというのだ。

近衛は、組閣にあたって慎重にことを運ぼうとしていた。それまでの経験から、組閣しても陸海相現役制のもとでは、陸海相、外相の意見が大枠で一致しなければ機能しないと身にしみて感じていたからである。

そこで、荻窪にあった近衛の私邸荻外荘で四相候補会議をした。集まったのは海相留任の吉田善吾、陸軍の推した東條英機、外相の松岡、そして近衛である。四者は三国同盟の推進で一致した。

だが、就任のラジオ演説を聞いた西園寺が、「内容は実にパラドックスに満ちていたように思う。なんだか自分にはちっともわからなかった」と言語明瞭、意味不明とのコメントを残したように、政策目標は矛盾に満ちていた。つまり、一方で三国同盟を結びながら、他方で対米でも友好関係を築きたいというのは、相当に矛盾を含む目標である。

強大になったアメリカが第一次世界大戦当時と同じ引っ込み思案な国だとのイメージをもった近衛・松岡流の勢力均衡手段は、西園寺がわからないという以上に、危ういものであった。それまで三国同盟が結ばれなかった背景である、日本への経済制裁をにらんだ日米通商航海条約廃棄の通告、そしてソ連の極東での軍備の高度化をまざまざと見せつけられたノモンハン事件などの影響がまったく考慮に入っていないのである。

ノモンハン事件が起きる前、ソ連駐在武官の土居明夫は、一時帰国のためシベリア鉄道で移動している時、高度な装備をしたソ連軍が集結していることを目撃し、参謀本部を通じ衝突を避けよと警告した。だが、そうした情報は無視され、大敗を喫した。

ところが、圧倒的な軍備の差で大敗しても、その教訓すら陸軍は受け入れようとしなかったのだ。現農林副大臣の齋藤健は、官僚時代にノモンハン事件を題材に、『転落の歴史に何を見るか』を著し、ゼネラリストが日本の歴史から消えていたことに日本転落の原因を見る。

それまで反対してきた海軍は、なぜ態度を変えたのだろう。条約派の雄、米内が総理から降ろされた海軍は、三国同盟反対を強く打てば、軍での資源配分が陸軍に大きく傾き、海軍が力をなくしてしまうことを恐れた。

そこで艦隊派が頭をもたげた。艦隊増強ができ、陸軍に対抗できることが優先されたのである。それで海軍は賛成にまわった。総力戦がどういうものか何も知らない民衆は、対米開戦を望んでいるかのような熱狂である。海軍あって国なしという状況だった。

外相となった松岡は大いに奮闘し、四〇年に陸軍の望む三国同盟が結ばれることになった。当時イギリス大使をしていた重光葵にとって、この決定はいかにもうわついた決定に映った。これによって軍部に満足を与え、国家総動員、新体制の実現を乗り切ろうという思惑は理解できるが、現実を見据え、国益というものを計っているかという疑問に応えていないからである。しかも重光の見るところ、同盟の決定にあたって前提としたヨーロッパの情勢分析はきわめて表面的だった。重光は、定期的に欧州政治情勢を分析して国内の要所に届けており、レポートは正確な分析として重臣たちにも読まれていた。にもかかわらず、全員で三国同盟という危険な賭けにとびついたのである。正しい分析、沈着な判断に欠けていた。

天皇が欧州遊学の旅に出た時はジョージ五世の時代だったが、三七年には映画「英国王のスピーチ」に登場するジョージ六世に代わっており、野に下っていたチャーチルもイギリスが空襲を受けている時には首相になっていた。

重光はそのチャーチルに面会したが、首相の決意は固く、また国民の反撃への気運もみなぎっていた。日本は冷静な判断を失っている。ヨーロッパの戦争に加担することは危険で、ここは国力を養うべきだと、重光はそう日本に書き送った。鉄も石油もなしで戦えるのかといった質問形式で、チャーチル自身から同じような趣旨の手紙が松岡外相宛に出されていることも、東京裁判で明らかにされている。

だが、松岡は質問を無視した。論理的な回答を作成すれば、日本はこれまで対米輸出で外貨を稼ぎ、その稼いだ外貨で石油・鉄鋼などの戦略物資を調達し、それで中国との戦いを進めてきた。それがまず行き詰まる。

当然、英米と戦う経済基盤はない。そうした経済の構図からすれば、日本は英米との良好な関係を維持する国際協調路線を取らなくてはならないことになる。

❖橋田の文相就任に不平不満の弟子たち

スタートした第二次近衛内閣で、橋田はどのような経緯で起用されることになったのか。組閣参謀となったのが一高時代からの盟友後藤隆之助、そして序章で紹介した箱根の福住旅館で近衛と一緒にいた安井英二である。内務大臣を予定されていた安井が、文相に橋田の起用を勧めたのである。

安井は第一次近衛内閣で文部大臣を務めたが、近衛と安井の関係はかなりギクシャクしていた。これを西田幾多郎の書簡で見ておこう。

西田は近衛が安井を文部大臣に起用したことに心穏やかでなく、「安井というのはいかなる人物なるや、新聞では大楠公崇拝のファッショといふ評判もあるが」と原田熊雄に書き送った。原田とは、学習院から京大へ移った西田に従うように学習院から三高、京都帝国大学へ進学し、西田を囲んで勉強会、ピクニックを楽しんだ「白川パーティ」のメンバーで、元老西園寺公望の個人秘書をしていた男爵である。近衛は東大から京都帝国大学へ編入し、あとからこれに加わった。

近衛自身も安井に失望していた。文部大臣になると安井の息のかかった内務官僚を大挙文部省に異動させ、そのため文部官僚からそっぽを向かれたからである。このため近衛と安井の間にはすきま風が吹き、安井は辞表を提出した。

文部大臣が侯爵の木戸幸一に代わると、西田は「木戸君なら安井などと違い、思想も進歩的で学界も歓迎するだろうし、ややもすれば一方に引かれがちになる近衛君にも、最良のアドバイザーだと思います」と喜んだ。

西田は、近衛内閣は必ずしも世間の期待に応え切れていないと見ていたが、「白川パーティ」の登場で近衛内閣への期待を新たにしている。西田は文部省の教学局の参事になった。

一方、近衛は、安井に馬場内相のもとでの内務省幹部の推挙を依頼し、続く末次内相でも幹部人事をまかせた。だが、安井推挙の革新派で固められたはずの幹部の離反が相次いだ。安井の文部省での失敗が響き、本家の内務官僚からの信頼が安井から離れていったのである。

だが安井は、近衛が下野している間に近衛との関係を修復し、第二次近衛内閣では組閣参謀となった。文部大臣として彼の目にかなったのが、大臣当時に政教学術会議で毎月顔を合わせた橋田邦彦であった。

安井は近衛に了解を取り付けると、三高との野球の試合の応援にグランドに出かけていた橋田のもとへ、タクシーを乗り継いでやってきた。新聞記者をまくためである。橋田の荻窪の家は近衛の私邸荻外荘から徒歩一〇分と離れていない。だが橋田はそれまで近衛の近くで働くことは考えたこともなかった。

橋田は、「私は一介の学者にすぎません」とあくまで固辞した。だが「いや、これはお国のためです。陛下の思し召しでもある」と食い下がり説得を続ける安井に、「これも運命か」と橋田は応じ、最終的には安井から英米との平和を求める内閣だということを確認して就任要請を正式に受けた。

橋田は、一高の後任の校長には多少の不安をいだいたが、新渡戸や夏目漱石の弟子筋にあたる安倍能成を推薦した。安倍もまた戦後すぐに、短期間だが文部大臣になった。

橋田は、文部大臣に就いた時の記者会見で、中学受験の無試験化は望ましくないと答えた。事務局の考えとは異なった。失言大臣になるのではと危ぶむ見方もあったが、その後は、持論であった「科学する心」を世にヒットしたキャッチフレーズとして前面に掲げ、次々と課題を解決していった。

まず学術局にあった科学課を局に格上げする一方、四高教授から科学課に転じていた犬丸秀雄を一高教授と兼務にして欧州に足掛け三年ほど派遣し、科学と科学行政を調査させ政策に活用した。初等教育に力を入れて師範学校の格上げをすると、「科学する心」の提唱を国民学校の教育課程にも適用し、理科と算数との関連性を強めたり、自然観察を盛り込ませるなど教育の体系化にも取り組み、戦後の科学教育に影響を与える施策を打ち出した。

橋田教育行政は、『正法眼蔵』を読み込んだ科学者としてのものだ。『正法眼蔵』の身心学道釈意の巻では「諸道」が問題にされているが、橋田は現代にあってはこの「諸道」をぜひ取り入れなければならないものとして「科学する心」があると指摘していた。つまり、自ら身をもって科学しなければ科学を科「学」することができないというのである。

橋田は、知育、徳育、体育が三身一体でなければならないとの考えで、教育局にあった体育課も局に格上げした。『正法眼蔵』には「身は学道より来たり、学道より来たれるは身なり」という身心学道という考えがある。ただ、これは時局をにらんでの措置であり、体育課長の小笠原が教え子でもあり、文部省のなかに多少なりとも相談相手を得るという側面もあったと思われる。

橋田と似た立場で第三次近衛内閣の厚生大臣になったのが、先に健康週間のイベントでの講師として紹介した小泉親彦である。橋田より二年下の小泉は、東京大学医学部を卒業して軍医の道を選び、軍医としては最高位の陸軍軍医総監（中将相当）となったが、陸軍省医務局長として結核予防で腕を振るい、また厚生省設立では陸軍から強く申し入れている。その意味では、小泉の厚生大臣は、橋田の文部大臣よりもわかりやすいともいえる。

橋田や小泉など科学者、医学者が登用された背景には、民意を捉えるには何かしっかりした技術基盤のようなものをもっている者が必要と考えられるようになったからだ。先に紹介した青山士のようなエンジニアの活躍も、官僚制のなかで注目されるようになった。

科学立国論の精神が、時代の潜在的な風潮になろうとしていたのだ。西田幾多郎は、「橋田の登用は軍人の文部大臣よりはましで、こういうご時世で選ぶとすればこんなところか」といっている。しかし、日本的科学を提唱するのは時局におもねった感じもするし、何より安井の推挽によることが気に入らなかった。そもそも近衛が安井ごときを信用するのが無念だというのだ。

二・二六事件後には、即効性を期待した大型財政の出動に対し、橋田は科学立国を唱えたが、廣田内閣は取り上げなかった。それが第二次近衛内閣の成立するころには即効性の政策は出尽くし、根本のところに立ち返らなくては日本の再生はないと見られるようになったことを意味する。国が「無」の心で「観る」ことのできる橋田を求めていたのである。

だが、弟子たちは橋田の大臣就任を喜んでいなかった。松尾信資が内務省に勤務するようになったのが、ちょうど橋田が文部大臣に就任して間もない時であった。東大には籍があるとのことで、あるいは会えるかもしれないと、松尾は生理学教室を訪問した。はたせるかな橋田はいなかった。

この時に対応したのは、助教授だった山極である。松尾にとっては手紙を受けた相手である。松尾は山極から、「先生もとうとう引っぱり出されました。日本の教学のためにはやむを得ないことですが、先生のためには困ったことです」と聞かされた。

❖判明してきた日本への「踏み絵」

三国同盟の締結は、日本の命運を決めたものだった。なぜなら日本は大東亜アウタルキーとリンクする全体主義的な経済体制を取り、結果として国際協調路線とリンクする自由主義的な資本主義経済体制を追求する方途を閉ざしたからだ。

日本はアジアを欧米の植民地化の桎梏から解放し、アジアの盟主になるという政策を選択したのだ。それは日満支ブロックを石油資源のある東南アジアにまで拡大した大東亜アウタルキーを目指さなくてはならないことを意味する。なぜなら満州では戦後、大慶油田が発見されたが、当時ある程度の探索はしたにもかかわらず石油は出なかったからである。

満州事変以降の日本は、後者の路線を追いかけてきたことになる。にもかかわらす、その間に日本経済の対米依存の体質を変えることはできなかった。そこで曖昧な形で国際協調路線を維持してきたのである。三国同盟の締結が、その曖昧な形での国際協調路線の放棄になるとの考えが近衛・松岡にはなかったのだ。

近衛・松岡の思考基盤にあったのは、第一次大戦後のヨーロッパの勢力均衡であった。ドイツがフランス、オランダを撃破したあとを受けて、近衛内閣はドイツ占領下に成立したフランスのヴィシー政権と交渉し、仏領インドシナへ歩を進める道を選択した。外交交渉によって平和裏に南進するなら問題ないと見たのである。

だがヴィシー政権の正統性を連合国はまったく認めていない。御前会議で南進の決議がなされると、アメリカの強い反発を呼ばないではいられなかった。アメリカは、近衛や松岡がイメージした第一次大戦当時の引っ込み思案の国ではない。日本の曖昧な態度を許さなくなってきていて、大幅な譲歩なり妥協の必要性が明確になってきた。

同盟締結交渉の時期が今少し遅ければ、ヨーロッパ戦線でのドイツの劣勢は明らかになっていただろう。その時には三国同盟が生まれなかったことも十分に考えられる。国益を考えれば慎重に構えるべきだったというのが、当時イギリス大使をしていた重光葵の思いだった。

だが近衛内閣は、そうした情勢変化を見極める前に、三国同盟に踏み切ってしまった。政策の対立軸の選択をしてしまったのである。

その年の終わりには、アメリカでは憲法規定を破ってルーズベルトが大統領に三選された。つまりアメリカは、欧州大戦開始直後こそきわめて厳格な中立法を遵守していたが、三九年にはそれを修正していた。そして強い大統領の下、四一年には武器貸与法案が通った。

こうしていったん同盟が結ばれると、近衛・松岡の思惑とは別の展開が生まれる。そして誤算もあった。ヨーロッパの問題に日本も取り組んでもらいたいドイツと、アジアでのロシアの抑止力をドイツに期待する日本とでは思惑が違い、同盟は日本に不利に働いたのである。

近衛は東南アジアに駐留兵を送り出す決定をして、そのインパクトの大きさに改めて気づかされた。三国同盟の締結前に、近衛は日米通商航海条約破棄の通告の次に来るものを想像しておかなくてはならなかったのだ。

そこで近衛は対米関係を打開すべく、中国からの一部兵力撤退、三国同盟の有名無実化などの妥協案を提示し、ルーズベルト大統領とのトップ会談を模索した。四一年四月のことだ。だが、三国同盟を推進し、日ソ不可侵条約など大向こうをうならせる外交を展開して意気揚々と帰国した松岡は、自分のルートとは別に進められる和平交渉に猛反対した。

駐米大使で海軍大将の野村吉三郎から、ルーズベルト大統領が石油禁輸の可能性を示唆し、その確率が高いと警告の電報が入った。

今やアメリカの国力は絶大である。虎の尾を踏んでしまったことが野村には十分わかった。野村は対米戦争をすれば、みじめな敗戦以外にないと論陣を張っていた水野廣徳と海軍では同期で親友だった。水野は日露戦争の戦史を丹念に分析した経験をもち、海軍を辞めて軍事評論家になってからも日本の戦力を厳しく見ていた。

「そのなかで、近衛内閣がアメリカ依存と三国同盟を同時にやろうというサーカスを試みるのは、実力もないのに綱渡りをしようとするものだ。海軍の首脳の反応にも鈍いものがあった。石油の禁輸まではないだろう」というのである。

そして、ドイツにソ連が突如進攻したため、日独伊三国同盟にソ連を協力させてアメリカとの間の勢力均衡を保ち、列強の力の拮抗による平和を勝ち取るという松岡の構想は崩壊した。日ソ中立条約が結ばれてわずか二カ月後のことである。構想は幻想にすぎなかったのである。松岡は一転、対ソ開戦を唱えた。事務次官の大橋忠一は、自分が進言したといっている。

こうして近衛は御前会議で南進の決議後、数日にして松岡を切って第三次内閣をスタートさせなければならなかった。だが、松岡外交を切り捨てた時は、時すでに遅く、事態が改善することはなかった。まず問われるべきは、いずれのルートにせよ和平交渉を進めたとして、軍に和平案を受け入れる余地があったのかということである。近衛は、博報堂の最高顧問だった近藤道生が聞いたという福住旅館の述懐で「陸軍は私に対米交渉をやらせまいとした」と嘆いている。それは近衛に、軍部から譲歩を勝ち取れということでもある。そしてアメリカが、条件によっては和平を受け入れる用意があったのかということだ。

近衛は、三国同盟を結ぶことを検討していた当時、日本が進めていた大東亜共栄圏を建設する外交に関して、日本の支那からの撤退という条件を付け、妥協を許さないという英米の態度を十分に知っていた。それが変わることはほとんどあり得ないとも信じていた。

「人民戦線事件」で、大内兵衛、有澤広巳など労農派の教授たちが起訴されたのは、三八年のことである。事件は戦後の鈴木茂三郎に反戦の勲章を与えたと言及したものだ。取り調べをしていた特高警察のある取調官は「改造」の「世界情報」などをつぶさに読み、有澤に向かって、「世界情勢は君たちが書いている方向に進んでいるように思われる」との感想を述べた。

有澤たちがまだ起訴中の四〇年、陸軍主計中佐の秋丸次朗が有澤を訪ねてきた。世界情勢を検討する研究会に参加するようにとの要請である。

秋丸は、満州で経済参謀として農業部門、商工部門を担当した。当時の参謀長は東條英機中将、満州国側の商工関係は岸信介、椎名悦三郎など大物が揃っていた。秋丸の主な任務に満鉄改組に伴う満州重工業開発会社の設立があった。秋丸は、大物の満州国官僚の意をくみながら、日産コンツェルンのドン鮎川義介や、日本窒素肥料社長の野口遵など当時の日本財界の大物を相手に交渉し、日産の満州移駐や日本窒素肥料の誘致などをとりまとめた。

こうした手腕を発揮したことで「関東軍に秋丸参謀あり」と日本内地の財界に知られるようになったのである。秋丸は日本に呼び戻され、戦時経済研究班を命じられることになった。

有澤は失うものはないと考え、了承した。そして一、二カ月のうちに関係者を集め、日本班、英米班、ドイツ班、ソ連班の四つのグループに分けて組織をつくった。日本班は一橋大学教授の中山伊知郎が主査となり、森田優三たちがそれに属していた。ドイツ班とソ連班には慶応義塾大学教授の武村忠雄があたり、英米班では主査に有澤が就いた。

研究班は、極秘裏のうちに各国の経済力を分析し、一定の成果を得た。四一年には陸軍省首脳への説明会が開かれ、秋丸は「対英米戦の場合、経済戦力の比は二〇対一程度と判断され、開戦後最長二年間は貯備戦力によって抗戦可能だが、それ以後はわが経済戦力は耐えがたい」と報告した。

これに対し杉山元参謀総長は、「調査および推論は完璧だが、結論は国策に反する」と講評し、「報告書は直ちに焼却せよ」と命じた。彼我の格差に関しては、多くの国民が知っていたが、日本には神運があるとも信じられていた。軍から明確な分析が出れば、その格差のもとで戦って勝つ理屈はつけられないということで、不都合であったのだろう。

有澤には会議の様子はわからなかったが、極端に落ち込んだ秋丸の様子から事態を理解した。陸軍では戦争準備が進められており、おそらく引き返せない。嘆いても仕方がない時期になりつつあったことになる。

第七六議会で秘密会として開かれ臨時軍事費追加予算を審議した予算委員会では、三善信房議員が油は足りるのかと質問し、備蓄策に頼る以外にないとの回答を得ている。

陸軍との接点をもたなかった石橋湛山は、有澤のさらに先を読んでいた。湛山はヨーロッパでは米独の開戦は必至であり、三国同盟が日米開戦の導火線にもなると警告した。さらに日本の戦局は拡大し、長期化すると付け加えた。戦後の秩序についても、アメリカをリーダーとする自由貿易体制が主流となって、大東亜アウタルキーを含むブロック経済は粉砕されるだろうと予測した。石橋湛山と「東洋経済新報」への監視は強まらざるを得なかった。

2 国体論に代表される戦時体制の重圧

❖明治憲法設計ミスの修復

では、国内新体制は固まっていったのだろうか。新体制の一翼を担って設立された大政翼賛会も、近衛が興味を失うとたちまち腐敗を始めた。

確かに翼賛会も、井上寿一が指摘しているように、当初こそ内部の競争で活性化したのかもしれない。だが近衛新体制は、先にも触れたように運動の結果として政権に就くというルートをたどっていない。馬と馬車とがあべこべにつながれたのだ。これでは混乱が生じざるを得ない。また組織も独占の利益を求めて制度化し、硬直化していった。独占体の宿命である。これが軍部にコントロールされる一党独裁の道具にされなかったことはせめてもの救いだった。

そもそも立憲、憲政など、憲法に基礎を置いて運営していくと、高い志をもって結成された政党を簡単に解消して政治が機能するものなのか。国体などという言葉にあやつられて日本の政治は、礎を失おうとしていたのではないか、という疑問が湧いてくる。次のような展開を見ていくと、井上が『昭和の戦争』では先の翼賛会への評価を引き下げているのも理解できる。

近衛内閣は組閣にあたって「八紘を一宇となす建国の精神に基づく」と発言し、「八紘一宇」を皇国の国是として掲げた。この精神は欧米の白人優越主義への反発から、人種による差別の撤廃や民族自決を近衛流に表現したものとされる。

今日の目からすれば、近衛はなぜ神がかりのスローガンなど利用したのか、奇異に思えよう。それには、国際比較と歴史的な経緯をたどることが不可欠である。国際比較の観点からは、南北戦争時、第一次世界大戦後の二〇年代のアメリカで聖書解体の動きが活発化し、原理主義が生まれたことが指摘される。また最近では、冷戦後の変化への対応としてブッシュ・ジュニア政権でキリスト教保守派とネオコンとが共鳴したことも似た構図になっている。中国の習近平が「中華民族の大いなる復興」と辛亥革命への回帰を図っているのも似ているかもしれない。

第一次世界大戦の結果、明治以降の日本が手本としてきたドイツ帝国をはじめ、多くの君主国家が崩壊し、ロシア帝国がソ連に取って代わられ、日本でも日露戦争の勝利によって近代化が批判の対象になり始めていた。

明治政府の日本は帝国主義にあこがれて大日本帝国と名乗ったが、「大」「帝国」が問題になってきたのである。だが五大国の一つになったという日本の自負は、その看板を替えるという発想を生まなかった。その例外とでもいうべきものが、「東洋経済新報」に拠った三浦銕太郎、石橋湛山の唱えた満州、朝鮮などを放棄し、貿易立国を提唱した小日本主義であった。

そうしたなかで津田左右吉は、日神を皇祖神として語りかける記紀、つまり『日本書紀』

『古事記』によって皇室の創生を説く立場を文献批判の目で検討し、日本の国家起源に関する記述は歴史的事実の記録として認められないとした。

『日本書紀』のなかでは、神武以前が「神代」と以後の「人の代」とは判然と違う語りになっていることに注目せよと警告し、ことに『古事記』は、伝承や伝説から歴史を救い出すという作業ではなく、「作り話」を構成することによって「皇室」の出自と統治を正当化するための政治的プロパガンダの書だと断言した。津田は明治維新体制の設計のなかでもっとも弱い部分、「設計ミス」を突いたことになる。

子安宣邦によれば、天皇を中心とした国民国家という国家神道の構想は、後期水戸学派の会沢正志らに由来する。日本化した儒教思想の系譜につながるものである。小島毅は、日本化した儒教思想とは革命思想を内包する陽明学であるとしている。

これは、ヨーロッパがキリスト教国家を成立させたことと並行するもので、そこには宗教学者の島薗進のいう設計ミスもあった。津田は偶像を破壊し始めたのだ。つまり、文献批判という近代の武器が王政復古という形を借りて、近代化を成し遂げようとする日本を解体するという逆説を生み出したのである。

日露戦争直後の日本には、この逆説を抱擁する余裕があった。日露戦争後に青年期を過ごした和辻哲郎も、津田の『古事記及日本書記の研究』に先立つ『神代史の新しい研究』などに共感を覚えている。こうした動きは欧米で啓蒙主義、自由主義の精神を生み、その精神で聖書に向かい、聖書を一つの歴史書として読解していくべきだというようになったことと軌を一にしている。西洋でも同じ動きが起こっていたのだ。

聖書解体の動きに対抗してアメリカで生まれたのが、聖書無謬を唱える原理主義だ。活動拠点はプリンストン大学の神学校だった。これに比べると日本の当初の反応は健全だった。つまり、和辻は破壊された偶像には再興されるべき権利があるとし、『古寺巡礼』『日本古代文化史』によって、津田が破壊した偶像を再興するようになったことだったからである。

和辻は『古事記』を読み直し、そこから民族の歴史をくみ取る作業を重ねることで、「記紀は皇室の成立を語っても、民族の成立を語るものではない」とした津田を乗り越えようというのである。そして「背後の無限に深いものの媒介者のみ、神々は神々になる」とした。和辻は「神々を祀る」行為だけを語っているのだ。その意味では天皇は象徴的な存在ともいえる。

明治憲法にうたう国体とは、英米法にいう不成文の憲法を指し、単に法体系にとどまらず慣習などを広く取り入れた、国の基礎的な統治・政治の原則のようなものである。明治の日本が近代を取り込むにふさわしいものとするため、便宜的に設けたものだった。

つまり明治憲法では「万世一系ノ天皇之ヲ統治ス」と定めているが、これは信教の自由を確保しキリスト教を信仰することの自由を認めるが、キリスト教で国内を統一してきた西欧にならい、神道を皇室と結び付け、神道によって国家を統一するところに狙いがあった。その意味では、神道は仮のものという性格もあった。

明治憲法の父伊藤博文は、帝国憲法の制定を議論した政府の会議で、「そもそも憲法を設くる趣旨は、第一、君権を制限し、第二、臣民の権利を保全することにある」と憲法の精神を語っている。多少の欠陥があろうとも、この趣旨に沿って解釈されていれば間違いないはずのものである。

だが、昭和になってからの国体議論は、この趣旨から離れていく。なぜ離れたのか。政治学者の姜尚中は、天皇には、憲法体系に組み込まれた「内部の天皇」と、超越的統治権者としてのいわば憲法の「外部の天皇」という二つの顔をもっていたからだという。つまり、先に見た、明治憲法のもとで明治の元老が目配りできた時代には、理性が働き、政治的統合があったと見た清沢洌の見方を裏から言い換えたことになる。

美濃部の天皇機関説は、明治の大帝や元老がいなくても日本は機関としての天皇をいだいてやっていけるという偶像破壊であった。政党政治、あるいは政治エリートの責任で国家が運営できるというオールタナティブの提示という側面ももっていた。

だが天皇機関説は、やがて否定される。天皇自身が機関説でよいではないかというのに、美濃部への攻撃が公然と行われるなど、否定は一人歩きをし始めたのだ。政治、社会、教育などすべてが「国体の本義」に則って再構築されなくてはならないことになった。

なぜ一人歩きを始めたのか。伊藤博文たちの明治の元勲たちが彼らのパワーで、姜のいうところの超越的統治権者の権能をコントロールできなくなり、理性が働かなくなったのだ。それは、日中戦争の泥沼化という危機に陥っていた昭和の日本では、国体に対する危機感が徐々に醸成されてきていたからでもある。

文部省の伊東延吉は「教学刷新に関する答申」に続いて『国体の本義』を責任編集し、「天壌無窮の神勅」に基づく天皇による統治こそが国体であると教本に記した。天皇そのものが国体であるという明治憲法のアポリアが露呈し、明治憲法の外部にあった天皇を国体のなかに取り込む試みを始めたことになる。

国家主義者蓑田胸喜の主宰する雑誌「原理日本」が、津田左右吉を大逆思想にあたると糾弾したのは、三九年末のことである。津田が一九年に上梓した『古事記及日本書記の研究』がそうだというのだ。出版から一五年を経たものを告発するのは奇異である。

津田は皇室、天皇を否定しているわけではない。記紀の解釈において『古事記』を政治的プロパガンダの書だと断言していたが、それは天武天皇の時代に「作り物語」ができたという高次の「事実」を研究者に提示した研究書である。だが『古事記及日本書記の研究』では、何代かの天皇の実在も否定することになり、不敬罪にあたるというのだ。

早稲田大学教授であった津田は孤高の研究者であり、その鋭い指摘は研究者仲間では評価されていたが、一般には知られない存在だった。だが、そうした津田が岩波新書で『支那思想と日本』を上梓し、そのなかで、やがて述べる「東亜」に関し否定的ニュアンスの言辞を用い、東京帝国大学法学部で南原繁教授のもと「東洋政治思想史」の講師も務めていたことから、世間からも注目されるようになった。

一方『国体の本義』の講義をもって世間を教育しなければならない東京帝国大学が、津田ごときを講師に招き「異端」の説を述べさせるのはけしからんとなったのだ。なぜ奇異なことが起きたのか。時代背景から見れば、昭和という国防の危機の時代を迎え、精神的な拠り所が求められるようになったからである。ナショナリズムの発露といってもよい。

津田の『神代史の新しい研究』『古事記及日本書記の研究』は、第一次大戦の始まりと終わりのころに出版されている。その間に漱石が学習院で行った講演が「私の個人主義」である。その講演のなかで漱石は、個性が発展できるような社会でなければならないが、それが社会から許されるならば、他人にもその個性を認める必要があり、そこには自由がなくてはならないと指摘している。ただ国家に危機がある時には、国家主義的な側面が前面に出てくることがあるだろうが、平穏な時には個人主義に重きが置かれるべきであるといっている。

大正デモクラシー時代にはエリートの個人主義が謳歌され、津田のような言辞も自由にできた。つまり革命児にも個性を発揮できる場があったのだ。しかし普通選挙、米騒動で始まった昭和デモクラシーでは、大衆までもが個人主義と国家主義の狭間に立ち、危機を迎えるなかで国家主義的な様相が強まってきたのである。

すると、国体の再構築という政治行為のなかに「天壌無窮の神勅」という宗教色が入り込むことになった。「天壌無窮の神勅」の皇国が強調され、明治時代にはあまり重視されなかった皇室祭祀が公式行事となり、頻繁に行われるようになった。

さらに、伊勢神宮を頂点とする神社が社格をつけられたピラミッド組織となり、国民にも神社の前では礼拝をしながら進行しなければならないという強制も行われた。つまり神道の制度化であり、国家神道化が進んだのだ。明治国家構築にあたっての設計ミスが、天皇の神聖化によって増幅したことになる。「国体」の鋳直しによって、神道ナショナリズムの様相を呈してきた。

こうして拡大解釈を排除しようとした意図に反して、「天壌無窮の神勅」の皇国日本が闊歩し始めた。つまり、天皇は「神々を祀る」行為を通じて、その身のまま祀られる神へと変容していったのである。アメリカで原理主義が力を得たのと同様に、日本でも記紀、神話無謬論が幅を利かせるようになった。

和辻による記紀の再評価も、好むと好まざるとにかかわらず、「天壌無窮の神勅」の皇国の方向を支えるものになっていった。才気あふれる和辻も、期せずして時代に棹差すことになったのだ。それは、和辻の言説を違和感なく読めた橋田の場合も同様である。「国体の本義」に則っていなければ、美濃部がそうであったようにエリートといえども攻撃の対象となった。近衛といえども対象となり得たのである。

❖日本の「アジア解放」で矛盾を見せた八紘一宇

すべてが教本『国体の本義』に則って再構築されなければならないという情勢が急速に生まれてきていた。だが、日本が外延的な拡張をして「万系一世」の君臣一家論を貫こうとすると、「国体」の境界を動かさざるを得ないような矛盾が露呈してくる。一方で鋳直しをしたことで矛盾が増幅せざるを得なかったのだ。

『国体の本義』の編纂の事務局となり、皇国史観を提示する役割を担ったのが思想局、その後身の教学局を外局としてもった文部省である。『国体の本義』の姉妹編として四一年に『臣民の道』が教学局から出された。

最初の会合の招集者予定表に、安岡正篤の名がある。だが、実際の出席者の名簿にはない。安岡正篤は大学卒業時に『王陽明』を上梓し、心酔者を獲得している。二七年に酒井忠正の援助を得て金鶏学院を設立し、近衛文麿、廣田弘毅、山本五十六など、軍部や官界・財界に支持者を広げていた。シンパのなかから斎藤、岡田内閣に入閣する者も出て一躍注目された。

橋田は『正法眼蔵釋意』のなかで、道元の小伝『崇巌たる自由』を安岡が熱のある筆と評したと紹介しているが、両者に接点はなかったようだ。橋田の陽明学は江戸時代の藤田東湖で、こちらは精神修養的な意味合いが強かった。橋田はまったく外に対して動くことはなかった。

これに対し同じ陽明学、同じ江戸時代でも大塩平八郎のように貧民層の窮状を見るにつけ、義を見てせざるは勇なきなりとばかり、世直しのテロに走る流れもあった。義と暴挙との間にギャップを感じないのは、陽明学が公と私とを一体化させていたからだと考えられる。『論語』が君子の学問であったとすれば、「知行一致」を唱える陽明学は実践者の学問になっており、安岡はこの流れにある。そこに可能性もありリスクもあった。

安岡がメンバーから外れた背景には、こうしたことも関係したのだろうか。史料からはわからない。

こうしたなかで、橋田も「国体」に関する国会質問に悩まされることになる。四一年の衆議院の決算委員会では、生田和平議員が近衛首相に「日本は神の国であると思うが、首相の見解は」と質問し、天皇制のタブーに失言をしないか探りを入れた。

政府は近衛首相と橋田文相との連名の回答書として、「八紘一宇」は神武天皇の「掩八紘而爲宇」——八紘《あめのした》を掩《おお》ひて宇《いえ》と爲《なさ》む、からとったとした。すると、そのように造語したのであれば、それは「錯誤」ではないか、「二つは似ているが違う」と生田は再び質問書を提出した。神意を解釈したのであれば、政府答弁書にある「親和的ナル一体タラシメン」という解釈は妥当性を欠くとの指摘である。

ところが政府は、同じ回答書を差し出した。このため生田は憤り、第七六議会で秘密会として開かれた決算委員会で不満をぶちまけ、委員でない中村福蔵議員も出て大政翼賛会と近衛首相への不満を述べることになった（帝国議会衆議院『秘密会議事録集・中巻』）。

この秘密会への政府からの出席者は、橋田一人であった。首相を出して傷つけるわけにいかない。「八紘一宇」を連発している陸軍大臣を問い詰めても、問答にもならない。そこで「国体明朝」の担当大臣で、漢語の素養のある橋田となったようだ。

橋田は「八紘一宇という言葉のみならず、八紘爲宇という言葉にいたしましても、肇国の御精神を代表しているかというような問題になりますと、はなはだ慎重に考究し、また考え直さなければならない点が多々あると思うのであります」と回答し、「宇」を「イエ」と読むのが適切かもしれないとコメントし、趣旨と経過を首相に伝えるとしたことから生田も誠意ある回答、懇切なる説明に満足したと述べた。

「八紘一宇」は日蓮宗の僧である田中智学の造語であることは、以前の国会の問答でも明らかになっていた。それを無視していたのは、橋田なり文部省の怠慢である。また「八紘を一つの宇とす」とするのは帝国主義的であり、あえていえば「一神教」的な独善である。二・二六事件の蹶起書にも使われている。

日本が外に向かってアジア解放をうたう時、「八紘一宇」の限界が見えてきた。議員が「八紘一宇」を英語ではどう表現するのかと外務大臣につめよったが適訳がないと答えざるを得なかった。和辻哲郎も、南方にまで領土を拡大した時にも、八紘一宇では通用しないのではないかと懸念を示した。一方、先の津田は大陸政策と距離を置いていたが、「八紘爲宇」をとり、宮殿をつくろうという意味で「宇となさん」と読むべきという意見だった。

いずれにせよ「爲宇」でなければ、共存共栄というニュアンスはなくなり、本来の「随神の道」のおおらかさが失われてしまうことになる。政府は以後「八紘爲宇」を用いるようになる。

現代人の目で見れば、「そもそも神話時代の標語を掲げることが賢明ではなかった」という中村稔の言になる。中村は蓑田が引き起こした津田事件の予審を担当した判事中村光三の子息で、和辻による津田の擁護、時効の成立で幕引きになる津田事件を父親のメモの記憶を参照しながら記述している。

果たして、明治期より後退した形の国体でよいのか。同時代人でそれに挑戦したのは長谷川如是閑である。思想史研究者の子安宣邦が指摘しているように、維新に先立って起こっていた国学のナショナリズム的な思想が国家神道の形成に役立ったとされる。如是閑は『日本的性格』によって新しい国学をおこし、昭和の時代にふさわしいナショナリズムをめざした。

一方、憲法学者の佐々木惣一は四三年、『我が国憲法の独自性』を上梓し、国体、統治に関しても憲法制定当時の精神、解釈に戻せと提言した。佐々木によれば、抽象的な概念としての「国家」と、各国固有の原理としての「実質」とを区別しなければならず、この「実質」の担い手が「統治」だというのである。明治憲法の起草者伊藤博文の注釈書『憲法義解』によれば、「統治」の語が採用される以前のものは記紀に表れる「治ス《シラ》」であった。

だが、漢語に統一するため「統治」になった経緯がある。「シラス」とは「知る」の尊敬表現であり、理性の働きを意味する概念だ。そこで佐々木は「統治」とは、国家と国民各自を正しい状態にあらしめるための準拠、つまり公権力を拘束する規範（暴力の排除）であると同時に、国民の行為の指針（理性原理）として定義されるとした。

佐々木は京都大学の滝川事件に抗議して辞職して同志社大学に転じ、当時は学長であった。美濃部の天皇機関説については、これを支持する立場だった。記紀の再評価という面はあるとしても、言論統制の時代によくぞここまで踏み込んだものである。佐々木は戦後に新憲法の起草者の一人となる。

近衛のいう新体制では、明治維新に代わる昭和維新はできなかったのだ。それがかなわなければ、明治維新以来の「神の国」というフィクションのなかで生きるための知恵を働かせる必要もあった。便宜主義にほかならない。

橋田文部大臣の時代に始まった「皇国史観」に基づく『国史概説』の編纂で中心的役割を果たした板澤武雄の助教授として関係した坂本太郎は、次のように述べている。

「もともと明治政府は、日本史の教育をもって国民教育の重要な要素とし、これに国体観念の確立、国民思想涵養の任務を負わせた。したがって、その大目的に沿う史実を強調し、それに反する史実を隠す傾きがあった。学者はこれを応用史学といい、純正史学と応用史学とはおのずから別であるとして、学的良心を納得させた」

『国史概説』の編纂もその一つで、少しぶれが大きかっただけだというのである。事実、東京帝国大学の国史を専攻する新入生に対し、「学ぶことと将来学校で教えることとはまったく別物と思え」と名誉教授が訓示したとされる。

また橋田も、高文の試験の国史は高度であるべきとの委員の意見に対し、試験に国史を採用するといっても、思想チェックのためのようなものだから、高度である必要はないと答弁している。

そうした文脈からすれば、一流の歴史家によって「皇国史観」に基づく国史が提示されることは、エリートにとっては朗報ともいえた。なぜなら、丸山真男は反体制派にはきわめて明確峻烈な権力体として作用すると断定したが、逆に認定されたものに従って発言していれば、攻撃から自分を守れるという側面があったことにこそ注目すべきだからである。

果たして便宜主義で国民を正しく導けるのか。迷惑を被るのは、ますます神がかった日本の歴史をたたき込まれることになった国民である。それは、戦後になって村上重良が『国家神道』を著し、「一九世紀後半に生まれた近代天皇制国家が、民間信仰として祀られてきた神社、神道を国家神道として、単一の支配的な教権を打ち立てた」と糾弾したものが下敷きになって生まれた「歴史」である。つまり村上は、国家神道を「神社神道」「皇室神道」「国体論」の三つの要素から成るものと捉えた。

村上は、先に神道を制度化したことに関し、とりわけ神社神道が皇室祭祀と不可分のものとして形成されていったことが重要だという。国家神道が、集団の祭祀としての伝統を受け継いできた神社神道を取り込むことによって、民族宗教の集団的性格が国家的規模に拡大されたからだというのだ。このために国民には、国家の指導理念である国体の教義への無条件の忠誠が要求されたことになったのである。

「神社神道」「皇室神道」「国体論」の三つの特異な混合が、庶民の間に天皇が身近なものという感情を生み、神とされた天皇の親政を切望する庶民の底流となった。そのなかから一人一殺で皇民と天皇の間に入る財界人、政界人を抹殺しようという動きが歪んだ形で跳ね返ってくることになる。

そして「皇国史観」なるものに則して歴史を編纂しようとしても、学者の意見を集約するのは容易なことではなかった。「皇国史観」の代表的学者とされる平泉澄も、急ぎ足で『国史概説』の編纂をしても十分なものはできないので、編纂に着手すべきでないとの意見書を出している。平泉は先の『国体の本義』の編纂にもタッチしていない。

3 戦時体制と科学する心

❖橋田、日本的科学を唱える

日華事変が起こるまでは、日本でも科学のための科学、芸術のための芸術と、科学至上主義なり芸術至上主義なりでやってきた。科学も芸術も自由な精神活動の結果生まれるものであり、社会はその成果を利用する立場でやってこられた。本来、科学も国際的な存在で、自由な知的交流のなかで、知の先端を競う性格のものであった。先に「科学立国の提言」が戦争ではなく、平和を求めるとしたのはこの意味である。

しかし、国際関係の悪化、戦争の危険というものがあるとすれば、科学においては準戦時、あるいは戦時という制約を受けることが強く意識されるようになる。先端技術を用いた兵器の優劣が戦争の成否を決める大きな要因であるからだ。つまり国防、そして国防を支える科学という視点である。したがって、科学至上主義の空間が分断されるようになってきた。

自由主義を標榜するアメリカなどの科学者のなかには、そうあってはならないと議論を重ね「戦争、自然科学者、市民」という巻頭論文を「ネイチャー」(三六年五月号)に発表するといった動きもあった。

一方、ドイツやイタリアでは軍事科学でない研究は排除され、仏ソの間では科学者の戦略交流が行われるようになっていた。日本でも、軍部の研究所と帝国大学の関連部署との間の緊密な協力が呼びかけられ、早稲田大学の研究所長には海軍の技系中将が就任するようになった。


支那事変が始まり、三八年に国家総動員法が公布されるころには、科学審議会が首相直属の機関として設けられ、科学振興調査会が広く意見を集約するようになった。にもかかわらず、科学研究費は少額にとどまり、輸入制限のために実験器具が揃わなかったり、学術書の入手さえ困難になり、科学本来の姿から遠ざかっていった。「生理学会誌」にも、ジャーナルの輸入割り当てが確保できなければ研究レベルも維持できなくなると、悲鳴をあげる記事が見える。

こうした準戦時下で科学振興が叫ばれる環境のもと、科学者たる橋田が文部大臣に就任したわけである。「国体」論争では議員たちからやり込まれそうになったが、日本が日本発の知を世に送り出す使命があるという考えは、英文のジャーナルを出した後も変わらぬ橋田の信念であった。

「科学する心」も世論の受けは悪くなかった。科学を通じて新しい知識を生み出し、その知識を活用して人類共通の問題解決に資することで、世界から信頼される国を実現する。そのためには、科学的なものの見方・考え方、科学する心を大切にする社会的な風土を育み、知を国の基盤とする社会を構築するというのが基本だ。

天皇の「学問のはっきりした立場を考究するにいかなる所存であるか」との御下問に対して、橋田は「国民精神文化研究所で歴史・国文・芸術・哲学・教育・法政・経済・自然科学・思想の九つの分野を所員に研究させ、それをベースに教育に生かす道を探っており、教学一致の精神でやっています」と奉答した。

この研究所には、橋田は自分の弟子のなかでもエースである杉靖三郎を自然科学分野の主任研究員に送り込んでいた。杉は橋田の「科学する心」を弟子のなかでもっとも理解し、橋田以上にわかりやすく説明する能力をもっていた。だがそれ以上に杉がエースという意味は生理学で世界レベルの学者だったことだ。

国際交流が少なかったため、杉の業績を直接に追ったものではないが、同じ路線上で、イギリスのアラン・ホジキンスとアンドリュー・ハックスレーが研究を完成させ、それに対して一九六三年にノーベル生理学・医学賞が授けられた。ナトリウムおよびカリウム・イオンが膜上に存在するイオン・チャネルを通って移動するプロセスを通じて膜電位が変化するホジキン＝ハックスリー理論と呼ばれるものである。

杉の子息の晴夫によれば、ハックスレーは後に杉論文の存在を知り、精密な計測に感銘し、「このまま研究を続けておられれば、あるいは……」と感想を述べたという。

❖理化学研究所にかけられた重圧

研究大学をつくれという声も上がった。これは大正時代に新渡戸、吉野など一五人の東京帝国大学教授が提言したことでもある。しかし財政状況、社会情勢は、それを許す状況になかった。強まるのは成果を求める声ばかりである。

そこで限られた予算、人的資源を時代の要請の高い、例えば人工石油の開発に向けるといった分野に重点配分せよという声になっていった。橋田のところで音声学を研究していた者にも、水中音になったらどうなるのか、質問とともに研究依頼が来たりした。

既存の理化学研究所への期待も高まった。日本における原子物理学の泰斗、仁科芳雄にも戦時の科学者としてのプレッシャーがかけられたのだ。陸軍航空本部の技監兼本部長の安田武雄中将が原爆開発の可能性を打診していたが、実際に東條陸相と計って仁科に原爆開発の依頼をしたのは四一年四月のことだった。仁科のニをとって「ニ号研究」が極秘にスタートしたのだ。

この時点では、アメリカのマンハッタン計画はスタートしていない。ルーズベルト大統領がオットー・フリッシュら亡命ユダヤ人物理学者の提言を受けてプロジェクトを始めるのは四二年のことである。

仁科はこのマンハッタン計画にも参画することになる原子物理学の泰斗、ニールス・ボーアのもとで五年の研究をし、業績を上げて帰国していた。二九年にはノーベル賞学者らを理化学研究所に招くなど、知のネットワークをもっていた。

『日本の原爆』を著した保坂正康は、ニ号研究が本格化したのは東條の肝いりで二〇〇〇万円の特別予算が付けられた四三年になってからだと指摘している。また元研究員は仁科が原爆研究に応じたのは、若手に基礎研究を続けさせたかったからだと語っている。

当時、仁科は外部からのプレッシャーに対し、政治家や科学にうとい軍人が期待するように、予算をつければすぐにも成果が上がるようなものではないと反論した。科学と技術を動員するといっても、アメリカではサイクロトン計画が組まれ、四〇〇〇トン規模の実験装置がつくられている。これに対し日本ではそうした規模の装置はないというのである。

また、基礎研究を疎かにすれば、科学という学問が枯渇する恐れもあると、正論を吐いた。同時に、もちろん焦眉の急だというのならやるより仕方がないが、周到な準備をしなければならないとも説いた。

仁科は、自分のやっている原子物理の分野では、湯川秀樹の素粒子論はノーベル賞を取るくらいの水準だと評価した。

中性子が発見されたのが三二年で、湯川はその衝撃をいち早く受け止め、陽子と中性子を原子核に結び付ける力の担い手として、中間子の存在を予言した論文を三五年に発表した。果たして、そうした素粒子が二年後に発見されたのだ。湯川の素粒子論は、原子物理学の泰斗ボーアからはダメだといわれていた。だが、仁科は逆に、新パラダイムを開く可能性のあるものと評価したのである。

仁科は優れた研究者だが、同時に一流の指導者でもあった。その仁科が、湯川を別とすれば、日本の物理学の全体をとればやはり二流どころとしか判定できないとにべもなかった。橋田は文部大臣になって、理化学研究所を管掌する大臣になったのだが、戦時でありながらそのことに関して色をつけた発言をまったく拒絶したような態度の仁科が苦手だった。「ニ号研究」は秘密指定を受けており、仁科が橋田に対して話題をそらそうとした可能性もある。

だが、日本が科学で厳しい状況にあることは、橋田も重々承知していた。とくに海外との交流が途絶えてくると、日本で基礎からやらなくてはならない。ところが、これまで日本は基礎科学に投資してこなかったし、戦時だからといって皆が応用へとなびくなかでは、難しい状況になる恐れがある。日本の科学の厳しい状況を憂えることでは仁科と同じだった。基礎、応用、技術、そのどれが欠けても、成果はその一番低いところに左右されるからである。

日本は高性能レーダーの基幹部品であるマグネトロンの開発では、イギリスと並んで最先端をいっていたが、海軍の内部に開発過程が限定されていたため、製品化できずに終わった。これに対しイギリスではレーダー委員会を組織し、開発を早めるためアメリカとの共同開発に踏み切っていた。この委員会のリーダーシップをとったのが、山極が留学先に選んだ生理学者のアーチボルト・ヒルだ。ヒルは経済学者ジョン・メイナード・ケインズの従弟である。

開発されたレーダーは米駆逐艦に搭載され、ソロモン群島で戦艦霧島を無抵抗で沈めてしまうなど威力を発揮し、以後の海戦は暗闇で戦う日本軍に対し、白昼で戦うアメリカ軍という構図に変わっていくことになった。

橋田は大臣になってからも、大学時代から主宰してきた勉強会「格医会」にはできる限り出席していた。そこでは、例えば杉を講師としてJ・S・ホールデンの『生理学の哲学的基礎』を読み進めていた。橋田はふちなし眼鏡をかけて鋭い眼光を発しながら、杉の傍らにあった。『生理学の哲学的基礎』は、「存在するということは知覚せられること」という基本思想のもとにあり、生物学は物理や化学などの方法だけでは処理できないと説くものであった。生物の理解には、環境を含め全体を捉える必要があり、これは橋田や杉が説く「全機性」にほかならない。

前述のごとく、ヒルはレーダー委員会を率い、戦争遂行という緊急体制のなかで高性能レーダーの開発という成果を上げた。これに対し、橋田は目に見える成果を上げていない。仁科の研究も進まなかった。日本の科学技術は層が薄く、さらに孤立していた。橋田や仁科の個人の力では、それを克服できなかった。この分野で橋田の成果を問うのは無理かもしれない。

4 アジアの解放と大東亜共栄圏

❖国境を越えた国手としての医師教育

近衛によって新東亜建設の方針が示され、中国での文化活動が打ち出されたことで、何が起こり、何が考えられるようになったのか。戦争の目的は、敵を屈伏させ服従させることであったはずである。しかし、中国の国土の重要な地点を占領しても、彼らは服従するどころか抗日の姿勢を強めていた。文化工作を進め、アジアをともに建設するよう説得するしかない。

そうしたなかで、科学となると西洋そのものである。橋田や杉によって日本的科学という方法論が打ち出され、恩恵を東亜の国々、とりわけ中国に知らしめようということになった。

日本に手がかりがまったくなかったわけではない。東京大学の「日本大学化」のなかで、和漢学が科目に加えられ、さらに儒教をベースに西洋の倫理学を読み替える科目が追加された。その担当教官であった服部宇之吉は、清国北京大学堂の師範館総督、つまり学務担当理事相当のポストに就き、京城大学の創立にも参加し、初代総長を務めた。

日本へのアジアからの留学生の数は、〇六年ごろに一万人を超えたが、その後減少していた。

中国をはじめアジアの若者たちが日本に敬意を払わなくなっていたのだ。

　とはいえ、清韓の医薬関係留学生を対象に、その保護、支援の機関として〇二年に誕生した「同仁会」は、昭和に入ってからも中国語の雑誌「同仁医学雑誌」（のちに「同仁医学」）を発行するなど、活発な活動を続けていた。

　日本側の冊子「同仁」の三一年六月号には、「今の支那民衆にとって最も緊要なものは、政治家でも軍人でもない。生命と健康に直接関係する医師の充足であらねばならぬ」と、中国留学生のために適切な医学教育機関を設立すべしとの稿がある。国手としての国境を越えた医師教育をうたったのである。

　清の時代には、中国からの医学留学生だけで七八九人もいて、欧米への留学生数に負けなかったが、排日の動きが強まるなかでは、それを誇りとすることが困難になった。その点、欧米留学生が団結し、本国の学会とも連携をとって活躍していたのとは対照的であった。

　彼らは、そもそも科学は西欧の歴史のなかで発展してきたと主張できた。また、先端科学の応用面である医療サービスのような方向での貢献を考えると、中国では警戒も強かったが、欧米の医療施設はキリスト教の布教と踵を接する形で長い間中国で活動してきた実績がある。

　日本は西欧の科学をベースとしながらも独自の科学の進歩も利用して経済発展してきたという説明が、目指すべきところとなっていった。そして、受け入れられるためには、日本が一方的に教えるのではなく、幅広く文化交流が目指されることになった。日中の学者が相互の文化連携を強化して東亜学術を振興する目的で三八年、北京に「東亜文化協議会」が設立された。そのメンバーは、中国側のイニシアティブに期待する布陣になっていた。

❖必要性を認識された文化の相互交流

満州事変を契機として、外務省に対支文化事業部ができ、日本を海外に紹介するために日独、日仏、日伊と拡大された。長谷川如是閑は、これより前にイギリスが教授たちを大陸に送り、「英国文明とは何か」といった講演会をめぐらせ、BBCがアラビア語やヒンズー語での放送を開始したこともあって、第一次世界大戦後は、それまでの国際主義から転換し、国家主義が自己宣伝する時代になったと見た。

だが、自国文化の海外紹介は、政治的相互主義を離れて各国間における他国文化の相互の尊重から、自然に文化の交流という現象が生まれるまでになった。

橋田が中国へ文化交流使節として出かけたのは、文部大臣を退任した四三年である。科学となると西洋そのものではないかという問いに対し、自然科学は西欧で一八世紀末から一九世紀初めにかけて急激に発達したものだと認めた上で、講演会で次のように述べている。

「その過程で学問はどんどん分化され、自分のやっている科学も生理学、そのなかでも電気生理学と呼ばれる狭い分野に限定されることになった。分析を精密にするためには、専門化することは必然であるが、同時に総合化によって全体を知る必要がある。

西洋には総合、統合といった言葉はあっても、これをないがしろにして全体像を見る、知るということを忘れてきた。陽明学にいう学という言葉は本来あるがままの全体を理解するものである。王陽明は惟精惟一であるとも、細部と全体は本来同一であるともいっている。

自然科学は自然を対象とし、これを補って安全なものにするためには、人生についての科学が必要である。その補完がなければ、全体像を見失うだけでなく安全が確保できなくなる。ところが、西欧は真理の追究という点で、細かなことの発見を目的としてしまい、全体を見る研究という視点を失い、現在危機に陥っている。また科学という観られるものを把握することに熱心で、観るものを把握する宗教というものと分離したままである。

科学と宗教とは王陽明のいう一如一体でなければならない。また学と道は一体、学道不二でなければならない。西洋にはこれがないがために、科学技術、産業革命の成果をもって東洋の征服などと誤った方向に向かわせてしまったのである。

現在西洋が陥っている危機を救うには、自然科学の東洋的把握が求められている。日中は王陽明など、中国の古典の再検討、現代的な解釈を通じて、この東洋的把握をできる立場にある。

だが、仏教にしても儒教にしても、日本に入ってきてからは独自の発展を遂げた。つまり、同じ古典であっても、日中はそれぞれ異なる文化、社会のなかで過ごしてきたため、解釈も異なる。日本では、日本の言葉として中国の文字を使ってきたのである。

例えば、同じ物心一如といっても、中国では物、心は別のものとして把握された社会であったため、それは一如であるべきと読まれ、日本では一如であると読まれている。

このほかにも多くに違いがある。この違いをお互いに理解できないと摩擦が起きることがある。科学の発展は重要であるが、それ以上に大切なことは、お互いに相手のことを理解しながら、協調して自然科学の東洋的把握をしていくことであり、それは天命といってもいい」

ここには、学者が相互平等の立場で文化連携を強化しようという橋田の真摯な態度がうかがえる。だが、大衆の説得、国際世論を味方につけるという「スマートパワーで戦う戦争」という立場からすれば、生真面目でナイーブに過ぎる。

先に紹介したように「田中上奏文」をあたかも日本の中国侵略の計画書のように、中国国内でも、国際的にも流布させた中国のしたたかさに到底かなわない。その中国のなかでも、京劇の熱烈なファンであった毛沢東の宣伝工作は、加藤徹によれば、群を抜いて巧みであった。民衆が喜ぶものは宣伝に使えると、「水滸伝」でもって悪玉日本をやっつける設定の劇に仕立て大衆を鼓舞したというのである。中国の民衆にとって歴史も芝居も同一線上にあるのだ(注9)。

さて、相互平等ということは、併合された韓国や植民地の台湾には適用されなかった。つまり、日本の選挙権、徴兵策などの政治的・文化的な同化政策が行われ、すでに実現しているとの立場である。生理学会の役員名簿にも韓国名の名前が見られ、陸軍の将官にも洪支翊の名前がある。

その結果でもあろうが、如是閑の始めた甲子園の中等部野球では大連商業が準優勝し、台湾での中等部野球の様子が現代になって映画として再現されているように、朝鮮、台湾、満州からの熱心な参加があった。二〇〇八年の芥川賞では、『時の滲む朝』で中国出身の楊逸が受賞し話題をさらったが、戦前の「改造」の懸賞小説でも、朝鮮、台湾から二人の入選者がいた。

❖未完に終わった大東亜史の編纂

重光葵が外務省、大東亜省を使って大東亜会議の開催へと大東亜をショーアップしたのに先だつ四二年一月に、橋田も『大東亜史概説』の刊行を閣議決定している。

東亜というのは、控えめながらも自らの呼称である。ヨーロッパだけが自らの呼称であって、アメリカはもちろん、アフリカ、アジア、オリエント（東洋）もヨーロッパがつけた名称でしかない。ヨーロッパが世界史の牛耳をとっていたことになる。アジアの歴史がすべて西洋中心の植民地獲得運動史としてのみ記述されて、アジア史自体の歴史をもっていなかった。

そしてアジアを見れば、華夷の秩序をもった、つまり中国中心のアジアの歴史が形成されてきた。大東亜を掲げることによって、中国中心のアジアの歴史を、近代化を成し遂げた日本中心にシフトし、アジアを包みなおして書き改めようというのである。概念の東洋にしかすぎなかったものを地勢的な東洋として意識する作業だった。浪漫派のアジアとは異なるアジアの姿を描こうというのである。

予算説明で、橋田は東亜諸国の歴史を明確にし、東亜建設に資せんがために新たに東亜史を編纂するのだと述べている。ただし、これは『国史概説』の姉妹編としての編纂事業で、教学局主導の事務局ペースのものであった。

『大東亜史概説』は、結局完成されることなく終わった。編纂の要となっていた鈴木俊が四四年に、教育科学研究会事件に連座して治安維持法違反容疑で憲兵に逮捕されるという事件が起きたためである。研究会が、岩波書店の「教育」を拠点としてプロレタリア教育の理論構築をしようとしていたという嫌疑である。事務局は消滅して編纂事業は継続できなくなった。

『大東亜史概説』の内容は明らかになっていないが、残された東西交渉史として描かれる宮崎市定の古代史序論などを見ると、アジアの範囲を広くとった岡倉天心流のアジアが想定され、西アジアに発生した文化がシルクロードによって東に向かって伝播し、東に進むにつれて洗練され、東西の文化のエッセンスのようなものが日本に生まれたというストーリーになっていた。これは、宮崎自身の『アジア史』ともなり、和辻の『倫理学・下巻』の構想にも入ってくる。

こうして東西の文化が集積された日本が、アジアでの特殊な立場で大東亜建設にあたるべき責務があること、そして日本神話にある国譲りの話など平和な秩序形成の伝統があること、西欧の征服と異なる行動原理があることを示そうとしていたようである。

第五章

橋田、東條内閣を去る

アジアでは国情が安定しなかった。自国の市場と安定を確保するために中国への介入が始まった。満州、中国へと歩を進めていくのは国民の意思になった。

だが、日本の中国への進出はナショナリズムの高揚した中国から受け入れられなかった。日本がアジアを説得するには武力だけでなく科学、芸術の必要性に気づく。経済社会体制に主眼を置く総力戦に対し、スマートパワー論の台頭ということになる。

そうした状況下での近衛声明は、国際金融体制が崩壊するなかで中国にどうコミットしていくか、次の策を探りかねていたアメリカの門戸開放という原理原則を打ち砕く策であった。

そして日本が結んだ三国同盟が、日米の対立を決定的にした。日本経済は対米経済依存の強い構造にあり、アメリカの締め出しによって日本は満支ブロックを石油資源のある東南アジアに拡大した大東亜アウタルキーを目指すことを余儀なくされたからである。国際協調路線とリンクする形で存在を許される自由主義的資本主義経済体制の排除である。日本には全体主義的な経済体制になりアジアの盟主になるという選択肢だけが残された。

しかし指導者のなかで、このことを十分に理解していたのは天皇だけだった。そこに日本の政治統合の弱さがあった。日本は日中戦争から大東亜戦争、第二次大戦へと導かれていく。近衛に文部大臣に任命された橋田は、東條内閣に残り、学徒出陣に抵抗して辞任するが……。

1 東亜共栄圏の拡大と日米関係の危機

❖退陣を余儀なくされた近衛首相

天皇は、アメリカが日本に石油を輸出するのはドイツを利するので、三国同盟を結んだ時点で大きな転換点に立っていると覚悟していた。第一線で活躍していた軍人たちは、天皇の洞察力に大きく及ばなかった。国益を考え戦略を練ることができていなかったのだ。

日本は、転進してオランダ領インドネシアに駐留した。アメリカの機先を制して、石油資源を確保しようというのである。当然のことながら、日米通商航海条約を破棄していたアメリカは、ここぞとばかりに綿と食糧を除く全製品の全面輸出禁止に出た。もちろん、石油も含まれる。野村吉三郎の打電どおりである。イギリス、オランダも日本資産の凍結措置をとった。

こうしたなか、近衛内閣によって閣議決定されたのが「帝国国策遂行要領」である。この要領では対米外交交渉期限を四一年一〇月上旬とし、対米英蘭への戦争準備を一〇月一杯に完了するとなっていた。これは、開戦準備の文書にほかならない。

ところが、御前会議で天皇が「外交を主に、それが不可能な時には戦争も辞さないというのだな」と念を押した。事実上の差し戻しである。自己の判断を明確に示した、明治憲法上の天皇の行為になる。このため、開戦の最終決定は行われなかった。

近衛は、天皇からの事実上の差し戻しを奇貨として、この間、東條の説得を試みていた。近衛は、陸軍でも中国からの撤兵に柔軟な皇道派の登用を考えた。そして陸軍のなかで、しかも東條の右腕ともいうべき武藤章軍務局長も、白紙撤回のために自分も刺し違えで辞めるから参謀本部の戦争推進派の首を切るように東條に進言するところまでいった。

しかし、永野修身軍令部長が天皇に開戦の決断を迫っていた。時期を失すれば戦わずして負けてしまうというのである。この時点では、海軍のほうが戦争開始に傾いていた。海軍には、加藤寛治軍令部長の時代に、第一次大戦が長期化したのは、総力戦とはいえイギリスが艦隊を保全するため慎重になりすぎたからで、アメリカは戦闘効率を上げる短期決戦を考えていると想定したこともある。

海軍は陸軍に対抗するために、日中戦争中にもそれほど必要でない軍艦の建造など軍備を続けており、三国同盟にも賛成した。なぜ軍備を拡充してきたのか。陸軍に対抗するためとはいえないので、対英米戦争に備えてだと申し開く以外にない。

だが、そのアメリカが着々と軍備を整えつつあるとすれば、彼我の格差は時間を経るほど開くことになる。結局「どか貧」を避けるために戦争に賛成したことになる。

アメリカ何するものぞとの精神論が強かった陸軍のなかでも、開戦派が有力であった。こちらも、放棄したはずの短期決戦の戦争を前提とした、ナショナリズムに鼓舞された戦争がどうなるかを考えない、沈着さを欠いた議論だ。海軍にも陸軍にも、組織の論理はあっても国益という発想はなかった。

それでも近衛は、まだ最終決定はされていない、ルーズベルト大統領との直接交渉で、三国同盟の有名無実化、中国からの事実上の撤兵など、大幅な譲歩をしてでも和平を維持することを命をかけて行おうとしていた。松岡を切り、命をかけて和平交渉に臨もうという近衛に、池田成彬や原田熊雄などは頼もしく思い、期待もした。

ルーズベルトは野村大使を呼び、日本のこれ以上の南進に警告を発しながらも、アラスカのジュノーでの日米の首脳会談を提案している。しかし、事前打ち合わせで一定の成果なしにトップ会談をしても意味がないとハル国務長官が反対し、ルーズベルトは自分の考えをひっこめた。世界大戦が始まってしまった以上、妥協はあり得なかった。

日本に対して戦争準備をしていると非難する以上に、アメリカも対日戦争開始のための準備と、最善のタイミングを狙うという方向に転じていたのである。中華民国の立法院長の孫科の見た、アメリカが軍備を整えるまでとする、その時がやってきたのである。

近衛は回答があったことで、「この時が日米の一番近寄った時であったかもしれない」と述懐している。だが、東條陸相は統帥部の人事に手をつけず、頑として中国からの撤兵に反対した。断固として和平交渉を阻止する姿勢である。それは国内の空気を読んでいたからである。この東條の反対で、近衛はアメリカと交渉して和平をもたらそうという試みができず、閣内不統一で退陣を余儀なくされた。

では、東條の反対がなければ和平交渉は進展したのだろうか。近衛の日米交渉の随員に内定していた重光葵がいうように、「日本から申し出ればアメリカは応じるだろう」というのは、近衛の錯覚でしかない。日米開戦の回避を考えていたグルー大使との間で親交を保ち、ルーズベルト大統領とも面談したという近衛の自負がいわせた台詞で、現実を見ていないというのだ。したがって、アメリカの外交を読み切れば、この期に及んでアメリカは和平を考えていないという海軍の「どか貧」論は、正鵠を射ていたともいえる。また、日米の平和を保つためには、中国大陸の利権を一切捨ててもよいという、近衛が覚悟していたとされる妥協が日本国内で可能だったとは考えにくい。

❖統帥権をもつ天皇と近衛の距離

天皇は、日本が三国同盟を結んだ時点で大きな転換点に立たされたと読み切っていた。アメリカは日本に石油を売らなくなると覚悟していたというのに、なぜその時に反対せず、事実上の日米開戦準備を宣言した時になって反対したのだろう。

明治憲法下では、統帥権などのため首相の権限には限界がある。逆にいえば、統帥権を盾に軍部が国家戦略を立て、それを文人政治家たちがのまざるを得ない状況をつくってきたのである。

そこで近衛は、軍の考えを先取りしながら、その方向性のなかでベターな策を模索する手法をとろうとした。しかし、結果として軍に引っ張られてしまい退陣を余儀なくされた。

このため近衛には、容易に陸軍の要求を入れ、ことがうまく運ばないと簡単に政権を投げ出してしまう公家政治家という評がつきまとった。確かに、近衛が政界に登場した時にはすでに、記者の一人が近衛の適性はむしろ高級評論家であって、実際の政治には向かないのではないかとコメントしている。つまり、近衛は相手の胸倉をつかんでも自分の主張を通す雑草のような強さはないので、首相ではなく天皇のもとにあって内大臣あたりを務めつつ大局を指示するという立場が適任だというのである。

首相のリーダーシップは、陸海軍現役制が敷かれ、天皇機関説が否定されたことによって、さらに制約が強くなっていったのだ。近衛は軍を抑えようとして大政翼賛会をつくったが、結局機能しないで終わった。

軍が首相に情報を十分にあげてこないので、近衛は天皇を訪ねて情報を収集し、軍をいかに抑えるかを検討したりした。軍を抑えるには、天皇を経由する以外に手段がなかったのだ。

では、和平を望んだ天皇は、和平交渉をしたいという首相を断呼として支持するというぎりぎりの選択を本当にしたのであろうか。「明治憲法下での天皇」と「イギリス流の君臨すれども統治せずの天皇」は使い分けられてきたが、この場合はどちらだったのか。

天皇が三国同盟締結時に断固反対することなく、「帝国国策遂行要領」の時に差し戻しを命じたのは、安全保障の構造ではなく、実際の戦争を避けるというレベルでの判断になっている。天皇は、田中問題をひきずり、できるかぎりイギリス流の天皇を貫き、最後の最後という時点で初めて明治憲法上の天皇になるという姿勢を崩そうとしなかったのではないか。

その意味では、戦略家としての天皇の資質や見識が活かされないことになる。「近衛は戦争を知らないね」というコメントも、総力戦ではなく単なる戦闘をイメージしたもののように思われる。逆にいえば、国家戦略をお互いに共有しながら議論ができる体制すらなかったのだ。

近衛は私邸の荻外荘で行った和戦を決める会談で、「対米交渉での目途は立たないから、戦争を決意すべき時だ」と主張する東條に、「戦争には自信がない、自信のある人にやってもらわなくてはならない」と述べたとされる。

天皇の「近衛は弱いね」というコメントは、近衛のイメージ形成に寄与していると同時に、天皇と臣下という関係にもかかわらず、天皇が近衛に一種のライバル意識をもっていたことをうかがわせる。つまり、白馬の上の天皇と、ラジオ、雑誌などマスコミで最大の露出度を誇った公家政治家との心理的な争いがあった可能性がある。

天皇と臣下という関係でいえば、天皇の前に用意された椅子にどっかりと腰を下ろして脚を組み、天皇に奏上する近衛に、内大臣の木戸幸一も不快感を隠そうとはしなかった。天皇の前で直立不動の姿勢でいる東條とは対照をなした。

だがそれ以上に、木戸の東條への親近感は、二・二六事件の後遺症があった可能性が高い。つまり、天皇も天皇を支えた木戸も事件の恐怖を共有し、また事件の収拾にあたり中国で拡大策をとってきた統制派に負い目を感じていたのではなかろうか。

近衛の後継には東條英機が選ばれた。木戸が「毒をもって毒を制す。今陸軍を抑えられるのは東條しかいない。それにこれまでの経緯を誰よりも知っている」として東條英機を強く推したからである。天皇も「虎穴に入らずんば虎子を得ずということだね」と応じた。

つまり、東條ほど天皇に忠実な臣ならば、天皇の真意が和平にあることを知っているので、首相という立場になれば陸軍に向かって開戦をしないように説得してくれるのではないかと期待できるというのである。近衛も賛成した。

グルー駐日米大使も、この間の事情を日本の内部通報者から受けている。通報者は「東條に代わったのは陸軍を抑えるためであって、依然として和平を求めている」とコメントしていた。五百旗頭真は、『戦争・占領・講和』のなかで、通報者を吉田茂だろうと推定しているが、グルー日記によって樺山愛輔に特定されている。白洲正子の父だ。

一方、橋田は近衛内閣の退陣で文相の辞任を提出していた。ところが、東條から今までどおりやってもらえばよいのでぜひ留任するようにとの話があった。思いがけないことだった。

橋田は、近衛が続けてきた対米交渉をこれまでどおりに続けるという方針に変わりはないかどうかをたずねた。「変わりない」という返事であった。では、近衛に代わって東條が登場した意味は何なのか。それが橋田にはわからなかった。

しかし、なお東條が留任を慫慂するので考える時間をくれと引き取り、文部事務次官の菊池豊三郎以下の幹部と協議した。事務局としても総理にものの言える大臣は「願ってもないことで、ぜひ続けてほしい」との言に、橋田は辞任を思いとどまった。

橋田が報告をかねて近衛に挨拶に出向くと、近衛は不快な顔を隠さなかった。だが、橋田の留任を喜んだ一人の小学生がいた。一等になると文部大臣賞がもらえる作文コンクールに応募した国民学校初等科五年の上条俊昭である。上条は、作文が次席で終わったことにがっかりしたが、橋田文相に憧れ、一等になれば橋田に会えるのではないかと考えていたという。周囲が橋田に期待をいだいていたことは間違いないと述懐する。上条は、後に野村證券、野村総合研究所などに勤め、野村投資顧問の社長になった。

確かに東條は強硬な陸軍を説得にかかった。だが引き出し得た譲歩案は、南部仏印への派兵を北部仏印にまで後退させるというものだった。

陸軍のわずかばかりの妥協案をもって対米交渉に入る東條に与えられた交渉期間は実質二週間であった。それは野村大使を補佐して交渉を進めるべく前ドイツ大使の来栖三郎が陸軍にも秘密で任命され、渡航する時間が必要だったからである。この意味で、近衛が続けてきた対米交渉をこれまでどおりに続けるという方針に変わりなかったが、それは形式だけになった。

日米交渉への回答が、一一月二六日にハル・ノートという事実上の「最後通牒」であったことは広く知られる。アメリカもまた対中で日本が一九三七年以前の状態に戻せという態度を変えようとはしなかったのだ。日本との友好を維持しようと努めるふりをし、日本に先に撃たせるように追い込む陰謀だったのかもしれない。

東條英機が日米開戦へと進めたのは、組閣二カ月後のことだった。東條ならば陸軍を抑え込み戦争を回避できるのではという天皇やグルーの希望は打ち砕かれたのである。だが近衛の娘婿で私設秘書も務めた細川護貞は、東條の任命を聞いた時点で、「そんな馬鹿な」と絶句したという。狼に「羊を食うなよ」といって羊番を命じたような茶番だといいたかったのであろう。

開戦を決議した朝早くの閣議には橋田も席に着いていたが、事前に何も知らされていなかった。序章の福住旅館での述懐にあるように、近衛にいわせれば無謀な開戦である。だが閣議決定は近衛内閣時代に白紙撤回できなかったため、東條内閣に引き継がれたともいえなくはない。

2 アジアの解放と建設のための戦争

❖敗戦覚悟で決定した日米開戦

天皇は、もし反対すれば自分も殺されると思いつつ、開戦の詔を出したと告白している。だが、詔勅も「自存自衛のため」とうたったにとどまり、なぜ戦うのかという大義名分が示されなかった。東條の演説さえもなかった。

西田幾多郎は、陸軍の関係者からの依頼で戦争の大義名分を明らかにするために共栄圏についての講義をした。それをまとめ、さらにわかりやすくした「世界新秩序の原理」が東條のところに渡っているはずだった。西田は、皇国史観で世界に出ていこうという陸軍を改めさせようと意図したのだろうが、演説には西田の言が利用された形跡はまったくなかった。

西田は「東條の演説には失望しました。あれでは私の理念が少しも理解されていないと思います」と和辻哲郎に書き送っている。

開戦の宣言をした天皇が戦争の責任を負うことは間違いない。だが、開戦回避に動いていたということは、戦後の日本占領政策、さらには天皇の戦争責任問題でのアメリカの印象をよいものにした。

では、天皇が「もし反対すれば殺される」と思うようなぎりぎりの判断をしなくてはならなかったという日本国内情勢とは、どんなものだったのだろう。

「どか貧」を避けたいという感情は、すでに指摘したように生活を圧迫されている生活者のものでもあった。

だが、国を引っ張るリーダーがその気持ちに乗って動くのは、国を滅ぼすことにもなりかねない。イギリスのエリートは、軍人であれ政治家であれ、こうした不確実な事態が延々と続くことに耐え抜く鍛錬をしてきた。ギリシャの歴史家ポリビュオスが、『歴史』のなかで語っている、物事がどちらにも決まらない気持ちの悪さに耐えられず滅亡に至ったカルタゴを反面教師とする教育である。重光がロンドン時代に会ったチャーチルも例外ではなかった。

しかし、日本のエリートたちは、自分たちがカルタゴの轍を踏むことを避けるための訓練を受けていなかった。

開戦の決定を受けて、山本五十六はハワイのパールハーバー奇襲作戦を立てる。司令官としての山本が奇襲作戦を立てられたのは、艦船では太刀打ちできないとすれば、日本が立ち遅れていた航空機に関しては、自主開発の努力をすれば、追いつき追い越すことができるかもしれないと、航空戦力の開発に傾注してきたからである。石油掘削ブームに沸く長岡に育った気質が、この技術投資へと向かわせ、山本をして先手必勝の戦術をとらせたのだ。

奇襲作戦は予想以上の成果を収め、戦争は緒戦では日本が優勢だった。それは奇襲が成功したという以上に、欧米側が日本軍を見くびっていたためでもある。

南シナ海でもイギリス海軍のプレゼンスがあり、アメリカ軍がフィリピンに基地を構えていることを勘案すれば、日本の南進を思いとどまらせることができるだろうという期待のもとに、チャーチルは戦艦プリンス・オブ・ウェールズと巡洋艦レパルスを送り出した。だが、日本軍によってイギリスの戦艦は簡単に撃沈された。チャーチルは回顧録のなかで、このことを戦争で最大のショックだったと記している。

山本は、与えられた枠組みのなかで緒戦での勝利を収め得たとしても、この開戦がやがて日本に壊滅的な被害を与えることを知っていた。戦争が総力戦を意味するからには、経済力をとっても、対英米七割の艦船しかもたない戦力をとっても、日本が中国だけでなく英米を相手に対等に戦うなど狂気の沙汰だったからである。のちの国民裁判では戦犯として裁かれることも覚悟していた。山本は加藤寛治の短期決戦論を信じていなかったのだ。

では、アメリカと戦いを始めれば負けることを知りながら、海軍のエース山本はなぜ反対しなかったのか。海軍に曖昧な態度をとらせたのは卑怯ではないか。近衛の山本への視線には厳しいものがある。

近衛と木戸の関係も悪化した。近衛には、福住旅館での述懐に見るように、いかに戦争を無事に終わらせようかという基本観があった。これに対し木戸は、東條にいかに戦争に勝たせようかを考えていた。すきま風の吹いていた近衛と木戸との間は、これを機に決定的に悪くなっていった。

❖重光が掲げた大東亜共栄機構

西田は東條に戦争の意義を語らせようとしたが、果たせなかった。これではまたもや無名の師になってしまう。開戦から四日後、内閣は支那事変と対米英戦争とをあわせて大東亜戦争と呼ぶことを決定した。東亜に新秩序を求めるとの意味である。

主戦場が太平洋であることから海軍が大東亜戦争の意義づけの任にあたることになり、海軍は矢部貞治をブレーンとして起用した。ところが、矢部が「大東亜運動としては」と提案すると、「陸軍の東亜連盟に重なり、面白くない」とされるなど、陸海軍の主導権争いが始まり、矢部は投げ出すことになる。

では、日本が戦争を戦う意義づけは誰がしたのか。近衛の「東亜の新秩序」のあとを受けて、これを大西洋憲章にも対抗し得る戦争の大義名分にまでしたのは、重光葵である。

日米が開戦して、当初は中国の地でも日本の軍事的な優勢は明らかだった。だが、中国のナショナリズムは高揚していた。では、日本政府はこうした変化になんの対応もしなかったのだろうか。

中国大使に任命された重光は、支那を完全な独立国として取り扱う対華新政策を打ち出した。ただ対華といっても、親日政権として設立された汪兆銘の南京に拠点を置く国民党政府のことである。日本が中国にもっている租界、関税権、その他の特権を返還して南京政府の足腰を強くし、蔣介石の重慶政府と交渉する基盤をつくろうというものだ。

この案は、天皇にもご進講の形で説明され、首相の東條英機も賛成するところとなって、四二年の年末には「大東亜戦争完遂のための対支処理基本方針」として決定された。

しかし、上海の租界を返還することには現地の海軍が抵抗を示すなど、理念が先行する政策を末端まで徹底させることは容易ではなかった。

日本は戦勝気分に酔い、頑張っても二年までという事前の予想を忘れ去っていた。アメリカが、すぐにも反攻に転じるということに目をつむっていたといってもよい。彼我の実力差を一番知っていた天皇は、終戦の時のために仲介候補としてバチカンとの外交を途切らせないようにとも指示した。

だが、日本以上にアメリカは民意で戦っているのである。戦争を始めた以上、日露戦争の時のように短期決戦で戦争をやめるという選択肢はなかった。アメリカも日本との戦いが長期戦になると覚悟して、日本を消耗戦に追い込み敗北させる作戦をとり、態勢を整え始めた。

それは戦勝に沸くなかで、物理学者の仁科が警告していたことでもあった。仁科は、アメリカはたとえ緒戦で敗れようとも、態勢を整え、何十倍ものエネルギーで反攻してくることは確実だと発言していた。日本が、本格反攻に転じたアメリカ軍の前に、ミッドウェイ海戦で大敗を喫したのは四二年六月。二年ともちこたえられなかったのである。

そんな時、公衆衛生院にいた松岡脩吉にも南方への転出の辞令が出た。しかし、いつ、どのようにして赴任するかに関しては音沙汰がなかった。そこで松岡は、千葉大に出た鈴木正夫の兄である鈴木辰三郎を航空本部に訪ねた。原子爆弾の威力を調べ報告した鈴木である。松岡はそのことを知らない。船で行くとすれば潜水艦で沈められる確率も高くなるので、航空機に便乗していく方途はないかと打診してみたのである。だが間もなく、宇品港から安芸丸で赴任せよとの指令が届いた。

松岡は橋田にお別れの挨拶をしたいと、永田町の公邸を訪れた。松岡はなんとしても任務を遂行する覚悟だと型どおりの挨拶をしたあと、赴任にあたり、自分は釣り糸と釣り針を用意したと付け加えた。潜水艦に沈められても、得意の泳ぎで無人島にたどり着き、そこで生き延びるためだというのである。松岡はその時、橋田がほほえんだように記憶している。橋田は無事任務を果たしてくれと、玄関まで松岡を見送った。

日本の軍事攻勢も退潮を見始めた状況のなかで、東條は外交の二元化を恐れる東郷茂徳外相の反対を押し切り、拓務省、対満事務局、興亜院を解散して大東亜省を設置した。占領地の軍政を徹底させるためというのが大義名分だ。

初代大東亜相には、東條は側近の青木一男をつけた。だが、中国での出先機関の設置に、軍司令官と大使とを兼任させることに海軍が猛烈に反対した。このため大使には文官があてられることになって、東條の最初の目論見は十分には達成されなかった。

大東亜省の設立で大きな変化も起きた。これを契機として、重光葵が大西洋憲章に対抗し得る「大東亜機構」設立の構想を提唱したのだ。重光は当時、まだ中国大使の任にあり、東郷の外相辞任に殉じて辞任を申し出たが、対中政策はそのまま継続してほしいという首相の要請に応えてとどまっていたのである。

重光にはとどまってなすべきことがあった。対華新政策をアジアにも適用していくためには、アジアのなかで協議機関をつくる必要があり、大西洋憲章に対抗し得る理念を提示しなければならないと考えたのである。

四三年四月、重光は大東亜憲章の草案を携えて上京し、官邸に東條を訪ねた。要点の報告に東條はいちいちうなずき、重光にさらに研究するよう促した。その夜、松平恒雄宮内大臣邸で南京国民政府の褚民誼外相のレセプションがあり、重光も出席した。松平は、秩父宮妃の父親である。幣原外交の後継者の一人とみなされながら表舞台に立てないのは、皇室の外戚は政府の要務に就けないという内規によるためといわれていた。

松平は精いっぱいのパーティを主宰していた。その席上、重光に官邸へ来るよう呼び出しがあった。谷正之外相を更迭し、重光を外相にしたいというのである。

その年末には御前会議で「国民政府への政治力を強化し、重慶抗日の名目を覆す」という国策が決められた。英米との戦争に専念するためとされたのだ。だが、実際のところは中国での武力解決は無理だという重光の見方が政・軍の間で常識化してきたことの反映だった。

重光は、大戦争を戦う目的については堂々たる主張がなければならないと考えていた。ところが、開戦の詔勅は「自存自衛のため」と、いってみれば戦う気分をいっているだけで、戦う目的を宣言していない。大東亜戦争とは名づけても、その肉づけがなかった。

戦争目的とは、東亜の解放、アジアの復興であるはず。公明正大な戦争目的が、国民によって明瞭に意識し理解されることによって、はじめて有意義なものとなり戦意も高揚する。戦争目的さえ達成されるならば、いつでも平和回復の用意ができる。戦争目的がきっちりと定義できれば、これが戦争をやめる口実にもなるというのである。

つまり、敗戦は覚悟できているが、それには早急に大義名分を内外に示す必要があった。蝋山政道らが唱えた「東亜協同体」も先の尾崎秀実の指摘のように事後的な産物である。大西洋憲章もまた戦いながらの宣言であるとすれば、大きな差違はない。

❖大東亜会議に集まった面々

四三年一一月五、六日に東京に七カ国の代表が招かれ「大東亜会議」が開かれた。まず首相官邸で歓迎レセプションがあった。国民政府の汪兆銘、満州の張景恵国務総理のほかにフィリピンのホセ・ラウレル大統領が、自由インド政府からはチャンドラ・ボース首席、ビルマのバー・モ・モウ首相も参加し、東條首相から熱烈な歓迎を受けた。

日本の戦況の行方に懸念をいだいていたタイは、ビブン首相の代理としてワン・ワイタヤコーン殿下を送ってきたが、東條は何食わぬ顔でにこやかに握手を交わした。インドネシア独立運動の指導者であったスカルノやハッタも参加を熱望した。しかし旧蘭領インドは「(大日本)帝国領土」と位置づけられているとの名目で招待されなかった。

大東亜会議は東條英機議長の開会宣言によって幕を開けた。代表演説はイロハ順で行われた。東條は日本の開戦経緯を説明し、大東亜の建設に関する基本的見解を示し、「今や大東亜諸国家諸民族の結集は成り、万邦共栄の理想に向かって大東亜共栄圏建設の巨歩は堂々と発足したのであります」と結んだ。

汪兆銘も、「重慶(蒋介石政権)は他日必ずや、米英に依存することは東亜に反逆することとなり、同時に国父・孫先生に反逆することとなるべきを自覚し、将士及び民衆もまたことごとく翻然覚醒する日の到来することは必定たるべきことを断言し得る」と述べた。日本の主張に沿ったものである。

一方、ラウレル大統領は、「大東亜」の理念には深く共鳴しつつも、インドネシアからの代表を拒否するなど、東條の覇権主義的な姿勢には警戒を隠さなかった。

宣言文は、外務省の戦争目的研究会で太西洋憲章を参考にして練られたものである。参加国には二週間前に提示されたにすぎない。修正を認めず、大会ではそのまま採択された。重光は意識して宣言文から「大東亜共栄圏」という語を消した。

宣言は重光が敗戦後の言い訳をしたにすぎない、という評価もある。だが、戦争の理念を内外に示した意義は十分ある。

また、政策の及ぼした影響についての評価にも、毀誉褒貶、著しい対比があり得る。

だが、シンガポール建国の父リー・クアンユーが歴史の画期の一つに挙げたように、日本軍が宗主国勢力を排除し、現地人から成る軍事力を創設したことが、アジア各国の独立という結果につながったのは事実である。少なくとも、初代フィリピン総督のウイリアム・ハワード・タフトが、アングロサクソンの自由とはなんたるかをフィリピン人にわかるところまで引き上げるには一世紀を要し、独立は当面認められないという予言を大幅に狂わせたことは間違いない。インドネシアも、ビルマも独立を果たした。

日本軍占領下でさまざまな施政の改善（学校教育の拡充、現地語の公用語化、在来民族の高官登用、華人やインド人らの外来諸民族の権利の剥奪制限など）が行われたため、旧宗主国に比べれば日本はましな統治者であったという評価もある。

では、ナショナリズムが高揚していた中国と日本との関係はどうなったのか。大川周明は大東亜戦争が勃発したことによって、支那事変は東亜という地域における一種の「内乱」という性格になったと見た。内乱であるから第三国の手を借りないで決着をつけるべきもので、解放戦争であるならば、勝利を収めなくては解放とはならないというのだ。

だがコロンビア大学のジョン・デューイのもとでプラグマティズムの哲学を学んだ中華民国の〝知の巨人〟、胡適は、その「内乱」で中国が日本に負けることで米ソの支援が得られ、日本に切腹をさせることができるとした。胡適は三八年にはアメリカ大使になりワシントンに赴任したが、四二年には北京大学に戻っていた。胡適が第三国の介入は必然であり、支那事変が大東亜戦争と一体となって展開するとし、その決着を読み切っていたことは驚くべき先見性だといえよう。胡適は日本の敗戦後に北京大学の学長になった。

3　橋田を囲むそれぞれの終戦

❖学徒出陣への抵抗とその後

戦局が思わしくなくなるなか、橋田を訪れた人はそのことに触れると、「戦争のことは軍人に任せておきなさい」と答えるのが常だったという。

橋田は、研究生の時実利彦の出征を涙で送り出した学者である。戦争の専門家である軍人が素人である学生に助けを求めるべきではないという論理であろう。橋田は、学徒出陣にだけはがまんできず、それへの抗議が辞任だった。研究者の卵を育てるために大学教育をしてきた橋田には許せなかったのである。

橋田は大学や高校と計らい、軍部を説得するため、小中学での就学年限を引き下げる方向で妥協を図ろうとした。だが軍は、欲しいのは即戦力になる大学生であって、妥協はあり得ないと突っぱねた。六カ月の短縮まではのんだが、軍がそれをさらに短縮し、いわゆる学徒出陣を要求するようになっていた。

いずれ辞表を提出せざるを得ない。橋田がそう思っていた時に、本多武彦が文部大臣室を訪ねてきた。弟の信彦が戦死したという報せである。子供のいない橋田は、甥の信彦をわが子のようにかわいがっていた。その信彦が大学卒業と同時に召集になり、ニューギニアで戦死したというのである。

「信彦がのう」

「私ごとでこんなところにおじゃまするのもなんじゃと思いましたが、何せ信彦のことですから、お知らせせんときゃいかんと」

「これは私ごとではない。公のことじゃ。よう訪ねてくれました」

橋田は突然、官邸へ電話を入れた。

「閣下、本多信彦が戦死しました。不肖、私の甥です。大学を終えたばかりで召集になったのです。学徒出陣は、われわれが学問をできるように育てた若い命をなくすことにつながるものです。本官は新法に反対です」

何かやりとりがあって、「要するに、軍は自分たちだけで戦争も遂行できないということですな」と、橋田は電話を切った。

本多武彦は、はらはらしながら電話の前の橋田を見ていた。東條首相にこれだけのことがいえる伯父はえらい、怖くないのかと思った。しかし、それは橋田の辞任のためのせりふでもあった。まもなく、星野直樹内閣書記官長から、断固反対では内閣不一致となり総辞職ということになるので辞表を提出するように、との電話があった。

戦争には勝たなくてはならないが、そのために大切な大学生を死なせることは、教育者の橋田には耐えられないことであった。秋に、東條首相が自ら文科系学生の召集を発表した。新聞を読んでいた橋田の妻きみゑが夫に向かって話しかけた。

「あなたには、いい時に辞めていただきました」

「やっと、俺が辞めた理由がわかったか。もう軍人の内閣はこりごりだ。これからも軍人とは戦うぞ」と橋田は答えた（注10）。


その東條首相が、東大の繰り上げ卒業に現れて演説をぶった。

「諸君は繰り上げ卒業だが、卑下することはない。繰り上げ卒業でもめげなかった大きな実例がここにある。士官学校を日露戦争で繰り上げ卒業した自分が今日、伝統に輝くこの帝国大学の壇上に立っている」といった。

出席していた近藤道生によれば、その時会場のどこかから笑い声の塊がさざ波のように広がった。冷笑のようでもあり苦笑のようでもあった。東大に限らず、当時の大学生には日本を力ずくで戦争へと引きずっていく陸軍への反発が強かった。しかし、大学生にはどうすることもできなかった。

各地で学徒出陣の壮行会が行われた。東京での壮行会は雨のなか、一〇月二〇日、明治神宮外苑で行われ、東條首相、岡部長景文部大臣ら、さらには六万五〇〇〇人の中高生が見守るなか、三二大隊、約二万五〇〇〇名が分列行進をした。首相らの激励の辞に答辞を読んだのは、東大文学部を繰り上げ卒業した江橋慎四郎だった。

答辞には「生等もとより生還を期せず」という下りがあった。事実、多くが生還できなかった。

通産省を退官後の現在も弁護士として現役の宮本四郎や亡くなったが元大蔵省の金子知太郎の場合、四三年八月に半年短縮で一高を終え一〇月に大学に進むと、早くも年末には学徒出陣が待っていた。

学徒出陣は、次第にこうしたあわただしいスケジュールにまで進んだのだ。金子は、無理な戦争を始めたが、始めた以上は勝たなくてはならないという気持ちだったという。ただ、壮大な学徒出陣パレードの時には一高生となっていたが、雨もあって参加を見送った。そのため、目をつけられているかとも思ったが、冷厳な現実にも淡々と対応したと語る。

宮本も、精神的には切羽詰まった感じをいだいたが、一高時代は先輩から無理矢理陸上部に入れられ、練習に明け暮れるめちゃくちゃな鍛えられ方をしていたから、肉体的にはつらいと思ったことはなかったという。

では低年齢化が進む学徒出陣を、その予備軍たる一高生は明日を期すことができない日々をどのような気持ちで待ち受け、どのような生活を送っていたのだろう。金子たちの場合、今の人たちが想像するように暗いものではなく、一高生になって青空が広がっているという気持ちだったという。

その下の年次の現役の一高生はどうだったのか。彼らは、いずれやってくる学徒出陣に恐れおののく毎日を送りながらも学園祭に、京都学派のチャンピオン田辺元を招いた。一高生たちは当然、田辺が「死には決死の死というものがある」「国に身を捧げることで神に触れ、神につながる」といった言辞の講演を京大でしていたことは知っていた。

そこで彼らは、田辺がいかなる言葉で「死んでこい」というか、手ぐすねを引いて待っていた。ところが、現れた田辺は講演の途中から「すまぬ……もう何もいえぬ……私も近ごろは毎日が懺悔なのだ」と涙を浮かべ、話はしどろもどろで終わった。戦局が傾き始めるなかで、田辺はすでに『懺悔道としての哲学』を書き始めていた。

和辻も『倫理学・中巻』を完成させ、そのアングロサクソン的な秩序を打ち破るべき時が来たと宣言していた。人民主権的な国家は個の集合体にすぎず、君臣一体となった日本が、アジアを解放すべき時だというのである。西田は共感して次のように書き送っている。

「倫理学の考え方、大変おもしろい。否定を含まない歴史的な現実というものはない。そこから道徳的行為というものが考えられるのである。すべて従来の哲学は自分というものを歴史の外に置いて考えていた。将来、自己というものがこの世のなかにあり、これと共にゆくものとして、そこから認識論、倫理学を考えなくてはならない」

だが、国家を究極の人倫組織だとし、そのなかで個人には究極的な去私を要求するという論理は破綻しようとしていた。チャーチルがドラッカーの『経済人の終わり』の書評のなかで、死ぬ覚悟をもてることは個人として素晴らしいとしても、やがて犠牲となることを予定した命を礎として永続する社会を構築することはできないと指摘したことは、ここでもあてはまる。和辻哲郎も、上梓した『倫理学・中巻』をどう引っ込めるかを模索し始めていた。

和辻も田辺も、学問の立場から『正法眼蔵』を社会に広めた京都学派の一人でもある。『正法眼蔵』が広く読まれたことも確かなようで、若くして学徒出陣した宮本四郎もその一人だ。

宮本に、なぜ戦後になって橋田の『釋意』を選んで買い求めたのかを聞くと、一高校長が同書を出版したことを知っていたからだといっている。『正法眼蔵』を世に知らしめたという点では京都学派と同じながら、行から『正法眼蔵釈意』を著した橋田は、狭義に捉えれば、彼らとライバル関係にあったのかもしれない。

さて、その橋田は文部大臣を辞めたあとも、結局、教学錬成所長となった。軍人と戦うぞといった橋田の覚悟も目論見もくじかれたことになる。

橋田は文部大臣時代に、小林一三商工大臣から依頼を受け、国民精神文化研究所の山本勝市に革新派官僚の主導する経済新統制の評価をするよう仲介したことがある。山本はすでに廣田内閣の電力国家管理案に反対し、新統制を擁護した笠信太郎の「日本経済の再編成」を批判した論文を発表しているから、評価とは批判にほかならない。

阪急電鉄を興した財界人である小林は、革新派官僚の旗頭である岸信介次官と対立していて、利潤原理を否定した統制が機能するわけがないと岸をやり込めたかったのだ。岸は企画院事件で辞任せざるを得ないことになり、いったんは批判派が勝利したかに見えた。

だが陸軍、新官僚による反撃が奏功する。山本は検事の取り調べも受け、著書も発禁処分になった。四三年に山本が研究所を辞めざるを得なくなったのは、陸軍の締めつけで研究所の予算が取れなくなってしまい、所長をしていた革新派官僚の一人でもある伊東延吉が山本の首を差し出し、国民精神文化研究所と国民錬成所を統合して小金井に都落ちした教学錬成所として命脈を保つ選択を余儀なくされたためである。

伊東は、自分は暫定所長でしかない、山本の件では橋田にも責任があるはずだ、軍とのバッファーになれる人物は橋田以外にいないなどと、橋田に所長就任を承知させたのである。橋田は天皇に対し、国民精神文化研究所の力を結集し、日本の学問を集大成したいと奏上している。科学では杉靖三郎を送り込んでいた。橋田には断る口実が見つからなかった。

話は少し先のことになるが、山本が去った教学錬成所で経済の研究を続けていた矢島欽次も軍の圧力に耐え切れず、北京への赴任を選ぶことになる。

矢島は外国経済事情を調べ、改めて彼我の差を痛感した。国内の経済体制に関し、統制では機能しないという報告書を出したが、軍ににらまれるだけの効果しか生まなかった。

矢島は思った。日本の負け戦は間違いないだろう。しかし、矢島は自分を解放してやりたくなり、北京への赴任を選んだ。そして荻窪の自宅に橋田を訪ね、いとまごいをした。

矢島は追放の原因となった論文を「水は低きに流れるというが、現在の統制経済ではそれが妨げられ、効率が悪すぎる」といった説明をした。橋田は「自分は経済学を知らないが、科学者として経済のエッセンスが理解できるような気がする。君がそう信じるならば、その信念を貫きなさい」と述べた。

そして「任地というのは、決して受け身のものではありませんよ」と『正法眼蔵』の言を引きながら諭した。戦後、矢島は任地中国での経験を活かし、中国経済に独自の見方ができる学者となり、東京工業大学の教授を務めた。

さて、所長としての橋田の最初の任務が、中国への教育文化使節としての出張であった。錬成所でも科学担当の主任となっていた杉靖三郎が、秘書的な役割も兼ねて同道している。もっていった基調スピーチ原稿は「自然科学の東洋的な把握」である。橋田の多くの著述が『正法眼蔵』に依拠しているのに対し、こちらは科学者の立場を同じ宋の時代の王陽明の主張と照らし合わせるもので、中国人に理解しやすいように工夫している。

北京の歓迎レセプションでは、橋田と相手の間で書の交換などもあった。そうした間をぬって、杉は中国の抄紙を買い求め、橋田に揮毫を依頼した。自分にも記念に書いてほしいというのだ。橋田は少し考えて、『正法眼蔵』の「阿羅漢」にある「心得自在ノ形段、コレヲ高処自高平　低処自低平ト参究ス、ユエニ墻壁瓦礫アリ」からとった。

高処自高平　低処自低平（高きところ自ずから平ら、低きところ自ずから平ら）

心が自由自在であれば、高いところは高いところなりにバランスがあり、低いところは低いところなりにバランスがとれていることがわかる。そう眺めてみれば、垣根も、壁も、屋根も、小石も見えてくる。日本も中国も変わらないじゃないか。心を自在にもった訪問は成功だったという橋田の心境を句にしたものと杉は受け止めた。

❖未完に終わった東條退陣の檄文

当時文京区にあった理化学研究所では、仁科芳雄主任研究員のもとで、スタッフは日夜、原子爆弾開発の研究を続けていた。粒子加速器サイクロトンは二二〇トンと、アメリカの一〇分の一強というものであったが、仁科のもとでサイクロトンを用いての分離・測定チームで実質的な采配を振るっていたのは、山崎文男である。資材不足のなかで懸命に装置を真空に保ち、成果を得ようと頑張っていた。

四三年七月に遂にビームが光った。このことは、直ちに東條にも知らされ、研究所に歓声が上がった。この事実は半ば歴史に埋もれかかっていたが、二〇〇八年に当時の研究日誌が発見され、研究がうまく運んだと喜び、感激した様子が記されていたのである。だが、基礎段階を出ていなかったことは確かで、仁科も最初から基礎研究しかしないと決めていたのではないかとの見方もある。

四三年一一月、サイパンが陥落した。東條は電話を取って、原子爆弾はまだかと理研に問いただしている。東條は東京裁判でも、サイパン陥落くらいで日本はまだまだ負けないと思っていたと証言している。だが、東條はこの時、決定的に負け戦になったとの感を強くしていたのではないか。

しかし、現実にはまだ戦争を終わらせる決め手を欠いていた。そのことを山本有三が知ったのは、疎開していた郷里の栃木で七月一日に近衛の至急電報を受け取り、急いで上京し荻外荘にたどり着いた時だ。

近衛たちは東條内閣を倒すべくいろいろと画策していた。しかし、反東條勢力のベクトルをまとめることは容易ではなく、東條はついに四四年二月には陸相に加え参謀長も兼務することになった。東條が戦争継続の姿勢を変えず、やめさせる手だてが見つからないというのである。

軽井沢を別荘地として開いた早稲田大学教授の市村今朝蔵が、「度量数称勝」という文字をもって近衛のところに現れたのもそのころだ。これは、幕末に佐久間象山が勝海舟に書き与えた語句で、物量のあるところが勝つという意味だ。これが幕府に攘夷から開国へと切り替えさせるきっかけとなった。早く戦争をやめさせるよう近衛に懸命に働けというのである。

近衛はすでに必死になっていた。開戦直後の勝利に喜んでいたと近衛が軽蔑した岡田啓介も戦争を終わらせようと、近衛たちと歩調を揃えていた。小説家である山本を呼んだのは、近衛が高松宮と手を携えて東條を暗殺し、政策の大転換を図るための声明文を書かせるためであった。しかし、ひそかに直接の暗殺者として考えていた軍人たちが東條の知るところとなって、前線に飛ばされたりした。近衛のまわりは憲兵が取り囲んでおり、あやしいとにらむと必ず飛ばすのだ。そのため近衛は決意できかねていたため、山本に檄文を書かせるタイミングを先延ばししていた。

しかし、やがて天皇が、統帥権まで束ねて職務が疎かにならないかという形で東條不信を伝えた。このため東條は辞任し、山本も檄文を書く必要がなくなった。東條から小磯國明に代わったことで、近衛と内大臣木戸の距離も近づいた。

四五年四月七日、天皇はかつての侍従長、鈴木貫太郎海軍大将を首相に任命した。七七歳という年齢は、首相任命時では歴代最高である。終戦を決意した天皇の「懇願」を受けての登場である。終戦は自分の手で行わなくてはならないと天皇はぎりぎりの決心をしたことになる。

だが、陸軍が戦争の継続を強く主張しているなかで、終戦の意思をどうアメリカに伝えるかが問題になった。そのメッセージを伝えるタイミングが訪れた。アメリカの大統領の死である。同盟を通じて世界に発信された鈴木の談話は、「私は深い哀悼の意をアメリカ国民に送るものであります。しかしルーズベルト氏の死によって、アメリカの日本に対する戦争継続の努力が変わるとは考えておりません」というものである。

この予想外の談話は、「ニューヨークタイムズ」の記者に何事かを気づかせるものとなった。同盟の幹部記者の苦心の記事が終戦への高いハードルを越える一歩となったのである。

多くの国民は、ラジオ放送された天皇の終戦の詔勅で何が話されたのか、ともかく戦争が終わったということ以外を覚えていない。詔勅には宋の張横渠の「万世のために太平を開かんと欲す」を取り込み、なぜ終戦なのか、今後をどう展望するかを示した部分がある。安岡正篤の発案だとされる。

この詔勅で、日本人は八月一五日で戦争は終わったと思っていた。だがソ連ではなお侵攻が続いていたし、中国大陸でも終わったわけではなかった。それは戦後の米ソの対立が早くも始まっており、国共の対立も続くと見られたからである。

終章

橋田の日本の未来づくり人生

❖達成されなかった独立とアジア解放

橋田は自分のことを「立ちん坊」くらいしかできないといったことがある。「立ちん坊」というのは、坂道で待ち受けて人の車を押し上げてやる人間である。

人の資質を見抜いて仕事をさせることは難しい。人によっては資質があるが、最初その人に向いている、得意としていると思ったことが、実はそうではなく、逆に不得意ではないかと思われることに得手を発揮する人もいる。自分は「いいものはいい」といい、人の後押しをするくらいしかできないと思っていた。

橋田は日露戦争後の日本が「近代」という坂道を必死になって乗り越えようとしていた時、その後押しをした「立ちん坊」だったのだ。橋田は日本という国の資質を高く評価していた。だが、その日本の後押しをしていた「立ちん坊」人生も、終わりを告げようとしていた。

日中戦争は拡大し、日本が宣言したアジア解放のための大東亜戦争は、日米双方が太平洋を舞台として最後まで戦う壮烈な総力戦になった。戦力、経済力に劣る日本は無条件降伏した。

この戦争は無謀で批判すべき点が少なくない。戦争計画における経済的準備、生産・供給態勢の不備の問題があり、アメリカに対する戦争を企図するには経済的基盤があまりにも脆弱であった。つまり軍や企画院、その他の外郭団体が行った国力判断のすべてが、歴史の目から見れば甘い。

だがそれ以上に問題なのは、例えば有澤広巳たちがかかわって秋丸レポートで出した二〇対一という計測結果を活用し、あるいは公開し、その意味を突き詰めて問うていないことである。

にもかかわらず「自らの独立とアジアの解放という条件」を満たそうとすれば、日本は西欧列強の利害と衝突せざるを得ず、日本は到底勝つ見込みのない戦争を、「条件」の強迫のもとで始めざるを得なかったというのが、日本を戦争に導いたものの見解ということになる。

歴史学者の入江昭は、日本が日米戦争まで進んでしまったことは、日本が国際関係をあまりにも力の均衡というリアリストの目で見てきたことが原因ではないかと考える。日本の開国という負の形での刷り込み、日露戦争での勝利という正での刷り込み、この二つが強烈で、その後にも修正ができなかったことにあるというのである。

日本はどういう国を目指すのか。国体論の混迷が、その大戦略を混乱させていたのだ。だから、変転する国際環境のなかで、日本が安全を確保し経済の繁栄をもたらし、国民生活を向上させるという国益を達成する柔軟な戦略思想が政権担当者に生まれなかった。

アジアに新秩序を打ち立てるというのも、橋田の「科学立国を」というのも、一つの国家戦略にはちがいない。だが、国家戦略を構築し実行していくためには、まずは世界の情勢を正しく分析し提示していくこと、つまり情報がなくてはならない。次に、戦略には自分の立場を正当化し、確信がもてるだけの大義がなくてはならない。さらに、その大義によってどんな目標が達成されるのか、現在かかえるもろもろの矛盾を解消していく道筋が示されなくてはならない。そして最後は、必要なパワーをもち、それを活用して断固として目標を達成することである。

可能性のまったくない目標を立てることは、戦略ではなく願望でしかない。目的と手段とは環境認識のなかで修正されていかなくてはならないが、日本はそれができなかった。

情報面では、第一次大戦後の国際情勢について、何人かのエリートたちが情勢をどう判断し、その後の変化をどう織り込んでいったのかを見てきた。まず、昭和デモクラシーの成果として「民意」の政治が可能になったが、それを活かしたリーダーシップが確立できなかった。

帝国主義的な国際環境にあって、安全保障・軍事の側面が重要であったにもかかわらず、統帥権のために内閣での情報統合ができなかったということである。内閣どころか、陸軍の参謀本部、海軍の軍令部すら統合できず、その参謀本部のなかでも、例えば英米と戦争をすべきではないとの意見をもつ土居明夫のような「情報参謀」の存在を許さず、事実上追い出し、勇ましい「作戦参謀」だけで固めるという行動に出たのである。

マクレガー・ノックスは、日本大帝国もプロシアと同様に、大惨事を回避するに足る政策決定機関を組織するのに失敗したと糾弾した(注11)。効果的に知の統合をするシステムが欠如していたがゆえに、真珠湾攻撃に至るまで絶え間なく会議を続けたにもかかわらず、日本の軍事官僚制は、ソ連、中国、米・英・蘭連合に向き合う三つの戦域を的確に関係づけた国家戦略を策定できなかったというのだ。

そうしたリーダーシップのあり方が、実験の主体と客体を渾然一体化させ、煽動されるような形で政治的意思決定がなされがちになったのである。つまり、強力な政治的リーダーシップがなかったがために、その分断された権力のなかで、諸勢力は大戦略、国家の見取り図を示さないままに「民意」を迎え入れようとしたのである。

このため、本来制度的な枠組みのなかで討議されるべきことが練られることなく提示され、混乱のまま実験的な試みを繰り返したのである。戦略よりも戦術で「民意」を買おうとしがちだったのだ。

こうした繰り返しのなかで、エリートの質が低下していった。組織にゼネラリストがいなくなっていたことも原因の一つだ。それは議会勢力も、軍事勢力も同じであった。科学者にして思想家である橋田邦彦が、なぜ近衛・東條内閣に引っぱり出されたのかといえば、内閣が議員はもちろん官僚にも軍人にも、急激な技術上の変化、高まる脅威といった厳しい環境での意思決定に信頼を失っていたからである。

ドラッカーのように「正義」への権威、「価値」への信奉、「理性」への信頼をもったチャーチルがいなかったらヨーロッパがどうなっていたかわからないと、エリートの役割を指摘することもできる。

だがノックスは、イギリス、フランス、アメリカという民主主義の大国では、先駆的に国家安全保障委員会といった委員会を強力なスタッフでサポートすることによって、文官と高級軍人の間の摩擦などに直面しながらも、陸海空の間の調整をしながら国家としての防衛政策を策定できるシステムがあることの優位性を説く。

日本では統帥権、軍事大臣への文官起用すらできなかった。近衛が山本五十六をなじってみても、そして橋田一人を起用してみても、それだけで追いつくものではなかった。


戦略とは、目標を高い確率で達成できるものでなければならない。ところが、自らの独立とアジアの解放のためにアジア・アウタルキーの建設を目指すという見取り図が国民に示されたのは、力の不十分な日本が米英に対して戦端を開くことになってからのことである。

つまり、見取り図が示されず新しい秩序もできず、明治憲法の桎梏と、変化を要求される国内体制が変革できないなかで、司令塔なしに実験が小出しに行われ、その混乱のなかで戦争に突入したともいえる。

それでは、自国の力で新しい環境が構築できない時、例えば、近衛が望んだような形で日本が生き延びられた可能性はあったのか。

ドラッカーは、チャーチルではなくチェンバレンのままだったら、イギリスはドイツのアンダードッグとしてとどまっていた可能性もあるというが、ここではダンケルク後も生き残ったフランコに率いられたスペインのような存在が日本に適用可能だったのかという問いになる。

だが、それは暗黙のうちに適用除外されている。日本は曲がりなりにも五大国という存在であり、アジアの解放、つまり欧米の桎梏からの脱却を唱えており、強大になり対外積極策をとり始めたアメリカの門戸開放策と対峙していたからである。先に示した政策のオルタナティブのなかにも含めなかったゆえんである。

仮にそうした選択があり得たとしても、国共対立が続く中国大陸で「独立」を保った軍閥の一人閻錫山がたどった道と同じことになっていたのではないか。


そこで、もし昭和の最初の二〇年が実験期間であり、戦後体制というものが実験結果だとした時、どう解釈するか。示された実験仮説なり見取り図のなかで戦後世界をもっともいい当てていたのは、北一輝である。なぜなら戦後体制は、華族制度の廃止と直接民主主義の徹底、象徴天皇への転換、財閥解体、農地解放などによって形成されたからである。

これらの政策は、国民の代表である天皇と象徴天皇の一致にとどまらず、驚くほど北一輝の『日本改造法案大綱』に似通っている。また財閥解体があり、農地解放は、コーエン回顧録では、「満蒙開拓青少年義勇軍編成に関する建白書」の五人の一人、那須皓の名を挙げているが、持たざる者への財産移転という点で、その平等政策は徹底していた。ことに農地解放の徹底ぶりには、自由主義者石橋湛山も小農をつくりすぎないかと反対を表明したほどだ。『象徴天皇制への道』の著者、中村正則は象徴天皇の「象徴」の誕生にも幾筋もの議論があったことを明らかにしている。個々の政策の誕生にも多くの議論があったことも間違いない。にもかかわらず、北の説とこれほど一致があることから、偶然の一致というよりもGHQが北一輝を参照した可能性が高い。ファシストとされる北とアメリカのニューディラーの生き残りたちとは共鳴するところがあったことになる。

しかし、それは実験プロセスについての洞察のないものだった。北には自分の示したラジカル民主主義の実現に手段を選ばないというところが見られたが、生前にこのような形で自分の考え、夢が実現するとは考えていなかったはずだ。

また、結果も大事だがプロセスを大事にしろという橋田流の評価に従えば、評価は厳しいものにならざるを得ない。国民のなかに釈然としない気持ちがあるのもうなずける。

日本におけるパラダイムの転換は実験主体が考えていたものではなく、観察者によるものである。つまり、敗戦というネガティブのイメージとともに成果を得ているということである。その点は自己の独立戦争というよりも、日本の敗戦によって独立を果たした中国、韓国などにも共通する。

私たちは、戦前期の世界の情勢、アジアの情勢、さらにはネガティブなイメージとともに成果を得た中国、韓国、日本という条件を視野に入れながら、改めて世界の先端に立つことの意味、「近代の超克」を再考する必要にせまられるのである。

❖天皇の戦争責任免責と文官の死刑

戦争は終わった。連合国側の勝利である。国際連合の創設に力があったとしてコーデル・ハルに対して、その年のノーベル平和賞が授けられた。ジャン・スマッツの授賞はなかった。それは南アフリカの首相としてドイツ領アフリカへ侵攻したからである。

そして敗戦日本もがらりと変わった。これが、国民の戦後体制への転換の評価であろう。少なくとも多くがそう見ている。その変化は、明治維新の経験と同様に、一生に二回の生を受けたに等しい経験であったという人も少なくない。

だが五百旗頭は、昭和史が戦前、戦後で断絶したものではなかったと立論している。根拠として挙げるのは、ポツダム宣言第一〇項の「日本政府は日本国民のうちに民主的傾向が復活され強化されるよう、それに対する一切の障害を除去せねばならない」とのくだりである。つまり、近代日本の民主化の流れをアメリカが評価していて、占領政策はその流れを復活させるためのものでしかなかったとの見解である。決して、戦後民主主義はアメリカによって押し付けられたものではないというのである。

私たちがたどってきた「高橋、おめでとう」と摂政殿下が是清に祝詞を述べた普通選挙に始まる昭和デモクラシー二〇年の足取りは、当初からふらついていた。しかし、憲法を求めた明治デモクラシー以降の流れを見てみれば、それなりの体験であり、逸脱は一時的だったというのである。

天皇もまた「人間宣言」の冒頭で五箇条の御誓文を引用することによって、今日本が行っている民主化は占領軍の意思で行っているものではなく、明治維新からの流れのなかで自分たちの手で進められている改革だという意識を鼓舞した。

しかし、アメリカ占領政策の問いには、近代日本の民主化の流れをとどめ、日本を戦争へと向かわせたのは誰か、過去の清算が必要ではないかという問題がある。敗戦になれば、自分も裁かれるといった山本五十六の予言でもある。

シビリアン・コントロールが貫かれている国家では、戦争の遂行は国事の一環としてである。アメリカが日本の戦犯を指名するにも、それを受け止めるアメリカ国民の常識が考慮されなくてはならないことになる。

戦争が天皇の名で行われたという意味で、天皇に戦争責任があることは間違いない。戦後の早い段階で、そう言い切ったのはリベラリストの松本重治である。

だがアメリカ政府は、エドウィン・ライシャワーが指摘しているように、占領政策の目的から早い段階で天皇起訴の見送りを決めていた。アメリカの世論を考えれば、それに代わる文官の死刑囚の指名がなされなければならない状況にあった。これが四五年の一二月六日に近衛文麿、木戸幸一を含む七名のA級戦犯が追加起訴されたことの背景とされる。

『木戸日記』はすでに提出されていた。これは自分の罪を一部認めるが、犯罪全体を明らかにすることによって告白者の罪を減じるという司法取引の性格があるものだ。提出者は木戸であるが、それは天皇の免責を意図して整理されている。内大臣、木戸幸一にとって「私の責務は国体を護持し、天皇のご一身上の安全を守ることにあった」からである。

だが、天皇の起訴がなく、天皇の地位についてもアメリカ政府によって保障された以上、文官のなかで誰かが貧乏くじを引かなくてはならなくなる。

A級戦犯で起訴するとの企図を察知した木戸がなしたことは、マッカーサー指令部の諜報課長をしていたハーバード・ノーマンのルートを利用し、近衛を文官としてA級戦犯の筆頭とする画策であった。

こうした仮説を提示したのが、『われ巣鴨へ出頭せず』を上梓した工藤美代子である。天皇の命の次に木戸が守るべきものは、自分の命以外に考えられないというのが仮説の根拠だ。『木戸日記』は宮中勢力を相当にダウンプレイしたものにはなっていたが、天皇免責の代わりの文官となると、木戸自身に累が及ぶとも限らなかった。二・二六事件後の木戸は日中戦争を拡大し、日米戦争に突き進んだ統制派の肩をもってきた本尊だからである。

そこで開戦決議そのものがすでに近衛内閣で決まっていたことなど、近衛にきわめて厳しい覚書を、一方で木戸に関しては内大臣の任務など消極的な内容の覚書をノーマンに作成させた。

ノーマンは日本で育ち、ケンブリッジ、ハーバードで日本研究者となったカナダ外交官で、当時獄中にいた非転向の共産党員に面会して調査資料を作成し、すべての政治犯を釈放するようマッカーサーに直接進言した人物で、結果、その進言どおりになった。このためノーマンは占領政策に強い影響力をもつ人物と見られていた。

ノーマンは安藤昌益の研究者として知られるが、多くの人がそれを読むほどの日本語力はなかったと指摘する。そのノーマンに、近衛がもつ「赤」浸透への不当な警戒を弾劾したいという気を起こさせ、ノーマンに理解できない細部を教えて、覚書を作成させたのは誰か。

工藤美代子は、教示し文書の作成に協力したのは、木戸の姪と結婚し同じ敷地内に住んでいた都留重人だと指摘する。ノーマンと都留は国際共産主義者としての証拠を消すなど協力関係にあったというのが論拠である。

都留は経済安定本部で日本の戦後復興に携わったあとに一橋大学に転じ、学長にもなった。都留がハーバードで学んだのは、財界人の父親が赤化した息子を日本に置いておくわけにはいかなかったからだとされる。

一方、ノーマンはカナダの外交官としての生活を続けながら日本研究もしていたが、数年後のエジプト大使時代にマッカーシー旋風が吹き荒れるなかで、国際共産主義者として激しい追及を受け、自殺することになる。

近衛が戦略爆撃調査団によって駆逐艦アンコンに連行されたのは、ノーマンの覚書が根拠とされる。艦上では過酷な取り調べを受けた。例えば、第三次近衛声明に関して、その提案は実質的には中国併合を図ったものかと詰問されている。併合など考えていなかったとの返答には、日本の指揮下で極東を団結させようという提案に、併合以外の説明があり得るのか、あるとすればどういう説明があり得るのかとたたみかけられた。

近衛は日本の方針が中国を併合することであったことはなく、ただ日本が軍事的にも、経済的にも、さらには政治的にも中国より強かった。このため、日本が指揮して団結した極東をつくることが必要であったが、中国から主権を奪う意図はさらさらなかったと述べた。すると、もし政府の方針がそうであるなら、なぜ軍がその合意を離れて行動したのか、政府の声明が広範な意味をもち、軍が単純な行動に転換してしまったのか、どちらだと追い打ちをかけられた。

近衛は、声明は精神的なものであり、正しく理解されれば汪兆銘との円滑な合意の基礎となったばかりか、蔣介石政府との統合の基礎になったはずだと答えた。ただ、それを軍が都合よく解釈したことも確かで、そのため中国にも完全な誤解を生んだと付け加えた。

近衛にとってショックだったのは、取り調べる検事の近衛への態度が完全に犯人扱いだったことだ。最後まで和平を求めていた近衛は、自分にも新憲法制定のための役割があるはずだと動き出していたが、A級戦犯候補として出頭命令が出た一二月一六日の朝に自らの命を断った。

これが、工藤美代子や『近衛文麿「黙」して死す』を書いた鳥居民の示したストーリーである。これに対して『近衛文麿　教養主義的ポピュリストの悲劇』を上梓した筒井清忠は、蓋然性は高いが事実とは判定できないとする。

では、なぜ近衛は起訴されたのか。筒井は、ポピュリスト近衛が、戦前戦後で手のひらを返したマスコミの犠牲になったのではないかとの見解を示す。

根拠は何か。筒井は、「朝日新聞」は近衛の自死に対し「公の戦争責任感は薄く、今後の公生活に対しても未練があり、公人としての態度について無頓着と思われたのである」と、きわめて冷淡な論評をしていることをとりあげる。

筒井によればこれは、世論、時勢におもねるマスコミの悪しき宿命ということになる。論評を書いたのではないかと疑いをもたれる佐々弘雄に加え、尾崎秀実、笠信太郎を昭和研究会に送り込んでいた「朝日新聞」の手のひらを返したような態度に、筒井は批判的にならざるを得ない。そしてその態度転換の伏線となっているのは、戦後最初の内閣になった東久邇内閣における朝日新聞社出身の緒方竹虎と近衛の閣内での主導権争いと見る。

確かに近衛は東久邇内閣に無任所相として入閣していたが、秘書として組閣を手伝った細川議員は本格内閣には近衛の登場がふさわしいと見ていたように、近衛には出番がありそうだった。朝日という大衆新聞は、大正末期には長谷川如是閑たちを葬っている。だが、ことはアメリカの権力を巻き込んだものである。めざとい緒方でもGHQを動かし得たのか疑問である。

そこで、因果関係を逆転してみるのが自然ではないか。つまり、大新聞が戦争協力者として弾劾されないようにGHQが近衛を葬ったことを朝日が追認したというものである。極端な場合、近衛の死によって同情が高まり、GHQへの批判が高まることを恐れたため、戦犯の指名が妥当なものであり、「死は何も意味がない」と書くように要請したということも考えられる。

また筒井の仮説では、日本の社会の機微にもわたる知識を踏まえた激しい覚書が生まれた背景を説明できない。その点では工籐の洞察には迫力がある。

いずれにせよ、アメリカの側にも大西洋憲章と対立するアジア新秩序を掲げた近衛を戦犯容疑者にすることが好都合であったことは確かである。

では、近衛、木戸に対して、現実に文官として唯一人死刑となった第三の男、廣田弘毅の役割と評価はどうなるのであろう。中央大学教授の服部龍二は、東京裁判の弁護資料などから、城山三郎の小説にあるように従容として死についたのではなく、「減刑を願わずにいられなかった揺れる心境」にあったことを明らかにしている。

廣田弘毅の長男弘男と親しくしていた野村康三が、野村邸に寄留していたロイ・モーガン次席検事に「廣田さんはどうなりますか」と問うたのは、近衛の自死から間もなくのことだ。質問に対し、モーガンが「難しいね……お答えしにくい」と逡巡したあと、「A級戦犯を極刑にする場合、ほとんどが軍人なのだが、現在のアメリカではどうしても文官から少なくとも一人を加えろという意見が圧倒的だ。これは何もワシントンだけの空気ではない。アメリカ全土の国民の声なのだ」といった。野村は思わず言葉に詰まったという。野村はこのことを弘男に話す機会を失い、この逸話を明らかにしたのは、弘男を偲ぶ会でのことだ。

モーガンの話はアメリカ世論の見方で、決して的を外していたわけではない。野村の話をベースにすれば、やはり近衛が文官の筆頭であり、木戸が野村にも思い起こされることのない目立たない存在と映っていたのであれば、次はアメリカ国民へのわかりやすさからして、首相を務めた廣田ということになる。木戸は焦って動く必要はなかったわけだ。

木戸自身はどう判断していたのか、工籐は十分に応えていない。そして、キーナン首席検事が廣田への判決に、「なんというバカげた判決か。絞首刑は不当だ。どんな重い刑罰を考えても、終身刑まででではないか」と慨嘆したのは、日本国民に向けてのジェスチャーだったことになる。

歴史に「もし」はないが、近衛が新しい憲法制定と関係をもったまま戦後が始まっていたとすれば、戦前と戦後の連続性はさらに高くなっただろう。しかし、反軍演説で有名な斎藤隆夫も憲法制定にかかわったが、その天皇観などは象徴天皇とはかけ離れたものであった。安倍能成の教育勅語への信奉については前述した如くである。

❖戦争犯罪人指名で自決した橋田と近衛

八月一五日の玉音放送を聞いた時、橋田の覚悟は決まった。少なくともいつもかたわらで仕えてきた山極は、天皇に対して十分に輔弼できなかったとすれば、責任感の強い橋田は自決を決意すると思った。いつもきちんと整理されていた東大の名誉教授室と錬成所の所長室がさらにきれいになっていた。ふと、西郷南州の最期の話が思い浮かんだ。西郷は死ぬべき時を選んで死んだというのである。

そして、弟子たちが肖像画を依頼していた鏑木清方からは、何度描いても哀しい表情になってしまって完成できないとの話があった。容貌だけでなく内面の心理まで描き尽くすといわれる鏑木である。山極は、そのころ東京医科歯科高専の教授に転じていたが、橋田を自決させないようにするにはどうすべきか、心を砕いていた。

九月一二日、ラジオが橋田を戦争犯罪人に指名したことを伝えた。山極は、翌一三日には休暇を取り橋田邸に詰めかけた。杉をはじめ他の弟子たちもかけつけた。しかし、時間が経過するに従い、残ったのは五名となり、遅い夕食をきみゑが用意した。

食事が終わると山極と杉、橋田の婿で、大学では山極の同期だった江澤禎一郎の三人だけになった。どうしたら先生に自決を思いとどまってもらえるか、三人は考えることは同じながら口に出せず、だまりこくったまま橋田の前にいた。

すると橋田が、「滅入りこんでばかりいてはだめだぞ」と山極の肩に手を置くと、かたわらの一管を手にした。阿字観の一曲である。どこまでも澄み渡った音色であった。覚悟を決めている。なんとしてもそれを止めたかった。しかし、言葉にできなかった。

山極も一管を取り、京調子で返した。「ああ久しぶりにいい音色を聞いた。ありがとう」と橋田は三人の帰宅を促した。

明くる朝、橋田家から出頭はつごうによって延期になったとの連絡があった。このため、この日は山極も杉も顔を出したものの、二時ごろには退散して、当面の用事をすますことにした。きみゑも出かけた。しかし、その一時間後には警察が迎えに来て、橋田は出迎えの警官の腕のなかに倒れた。翌一五日に遺書が発見された(注12)。

「橋田は開戦のことは何も聞かされていなかった。自重するよう伝えてくれ」との天皇の伝言が橋田家に、近衛夫人を通じて伝えられたのもその日だった。橋田が開戦のことは何も聞かされていなかったというのはほぼ確実だと、秘書官の内山孝一は次のようにいっている。

内山は、四一年一二月七日の夜、官邸から明朝六時に臨時閣議をするので出席するようにとの連絡を受け、電話で橋田にそのことを伝えた。翌朝、文部大臣官邸で橋田に向かって「何事があるんでしょうか」と聞いたが、とぼけるふうでなく「わからん」という返事であった。閣議に向かう自動車のなかで、長年仕えてきた内山が隣に座って顔を見ても、何かを知っている様子はまったくなかったという。

そして閣議の最中、控え室に入る時にラジオのニュースが日米の開戦を伝え始めたといっている。

遺書には、辞世の歌が記されていた。

いくそたび　生まれ生まれて　日の本の
学びの道を　護りたてなん

橋田は自らの生を断つにあたって、自分の人生が学問一筋であったと宣言したのである。近衛が出頭を命じられたのは、これらのあとのことである。近衛の自殺を心配して大勢の友人、支持者たちが集まった。近衛は集まった人たちに笑顔で談笑し、一人ひとりにスコッチを振る舞った。別れの盃の意味だろう。「思いとどまってほしい」——皆が同じ思いだった。

だが三三五五帰って行くと、残ったのは松本重治と牛場友彦だけになった。二人は近衛の近くに布団を敷いて寝たが、翌朝になって近衛の自死を知った。橋田と同じ青酸カリだった。

実は橋田夫妻は、乃木大将の死にならって一緒に死ぬことを決めていた。ところが、養女恵美子が体調をくずして入院した。

子供に恵まれなかった橋田夫妻は、大学の同期で成績も競ったが親友だった西成甫に頼みこみ、赤ん坊だった恵美子を養女として育て、そのころは母親と同じ跡見女学校に通っていた。若いものの命を守らなくてはならないというのが橋田の考えで、きみゑが残って娘の面倒を見ると決めたのである。

橋田自決の日、山極たちが夫人は用事で出かけていたと話している。用事とは入院した養女の世話だったのである。きみゑは、用意していた青酸カリを自宅の地中に埋めて隠し持っていたが、そのカリを近衛の要請を受けて渡したのである。

近衛も橋田も、ともに敗戦を自死で迎えた。橋田は東條内閣の閣僚として一巡目で指名を受けている。橋田と同じように近衛内閣の閣僚ながら次の東條内閣でも留任したために戦犯指名を受けたのは、厚生大臣の小泉親彦も同じである。

小泉は連合国軍から通知を受けると、その取り調べを拒否し、割腹自殺を遂げた。退役したとはいえ軍人であった小泉は、阿南惟幾陸相が敗戦の日にとったのと同じ手段を選んだ。小泉が自死したのは、橋田の死の前日である。東大医学部の俊英、二人の死は医学会には衝撃だった。

橋田が戦犯の指名を受けても、死刑になるとはまわりも、そしておそらく本人も考えていなかった。だが、先の「橋田は何も知らなかった。自重するように」というお言葉が、かりに生前に届いていたとしても、おそらく自決していただろうという点では、弟子たちの見方は一致する。橋田には、もう一つ辞世の歌がある。

大君の御楯にならねど国のため
死にゆく今日はよき日なり

弟子たちは「これは裃を着ている。だが橋田の気持ちそのものだ」と見ている。学問一筋でいきたかったのは本音であるとしても、同時に天皇を敬愛してやむことなく、国のため、科学立国で日本を豊かにしたかったことも事実だというのである。

なぜ橋田は死を選んだのだろうか。西郷南州の最期の話を聞かされた山極は、幕末の志士とほとんど一致する橋田邦彦の儒家的人格形成のあり方に思いをはせた。

幕末の志士たちに強い影響を与えたとされる藤田東湖は、橋田が尊敬してやまぬ人物であり、佐藤一斎の『言志録』は橋田の幼いころから慣れ親しんだ書であった。そしてドイツ留学後に買い求められたという『南州手抄言志録』一五は、次のごとくだ。

聖人は死に安んず。賢人は死を分とす。常人は死を畏る。

橋田は日本にとって過大ともいえる任を自ら背負い、遠き道のりを行こうとしたのではないか。『正法眼蔵』の現成公案の巻には次の語がある。

水、空ゆかんと擬する鳥魚あらば、水にも空にも道を得べからず、所を得べからず。

学者である橋田が政治家たらんとしたことは、鳥水ゆかんとしたのであろうか。『正法眼蔵』読みの『正法眼蔵』知らずであったことになるのだろうか。おそらくそうではなかった。つまり、「科学する心」をもってすれば真の科学が打ち立てられ、その科学を基礎に産業が興れば日本の経済が強化される、その横展開によってアジア共同体をつくればアジアが繁栄する、それを夢見ていたのだ。

凡庸な人間にはとうてい理解できない世界だが、志が成し遂げられなかったとすれば、死だけがその重い任を解く道であると考えたのであろう。父謙蔵は、長男である兄の敏彦には切腹の作法まで教授した。橋田には死を畏れない聖人であるよりも、死を畏れる常人として生きながらえ、弟子たちを導いてほしかった。

❖高く羽ばたいた橋田の弟子たち

陽明学では、いかに多くの弟子を育てるかが問われる。その点では、橋田は多くの弟子を育て、かつその弟子たちから心からの尊敬を受けているという類まれな師で、陽明学での目標を達成している。その多くから背かれた河合栄治郎とは異なる。

杉靖三郎は、四四年二月、専任講師として久しぶりに東大に復帰し、本来の研究生活に戻っていた。しかし教学錬成所勤務のため、GHQの命で辞職を余儀なくされた。苦しみを経て、ストレス研究のパイオニアとして、そしてその普及活動で名を上げるのはのちのことである。

橋田文相時代の政務秘書官を務めた内山孝一は、橋田が推薦して一高校長となった安倍能成が、橋田は自由主義者がすわるべき校長の座を穢したと公言し始めたことに激しく立腹した。橋田が声をかけて始まった軍部との就学時間短縮交渉も、いつの間にか安倍の手柄になっている。私費で英文ジャーナルを起こし、漢学に造詣の深かった橋田とは学者としても人間としても格が違うと、内山は自分に言い聞かせていた。

内山に限らず、橋田の弟子たちに戦後の変化は腹立たしいことも多くあったに違いない。本川弘一も橋田を尊敬していると口にできない雰囲気があったと述懐している。だが、多くの弟子たちが羽ばたいた。

まず杉のライバル時実利彦は、研究で成果を上げただけでなく、啓蒙書のベストセラーの著者として知られる。すなわち、研究の面では東大と京大の教授を兼任した時実は、脳内各システムの調和のとれた統合を提唱した。そして人が人間らしく生きていくためには、これらの生存、本能、情動、理性にかかわる脳内各システムの調和のとれた統合が必要であると力説した。この点では橋田の全機性の視点を引き継いでいる。

また啓蒙の面では名著『脳の話』を著し、さまざまなたとえ話や名言を引用したり、生き物の行動を観察した幼少時の体験などを交えて、生存、本能、情動、理性における脳の働きと重要性、さらには「人間とは何か」をわかりやすく解説した。

時実は、こうした印税などをもとに時実賞を設けるなど、無私の立場で日本の脳研究の発展に尽力した。この点で、私費を投じて英文ジャーナルを立ち上げた橋田の衣鉢を継いだことになる。

本川弘一は日本の脳波測定の元祖で、のちに東北大学の学長になった。彼は「先生は教授になってても弟子を使って実験することすら嫌った生粋の研究者であった。全機性を唱えていたが、これは個についての話であり、社会や国家について私どもが知るかぎりでは関心がないように思われた。それが文部大臣になり、戦争の責任を負って自決することになった事情がなんであったかよく理解できない」と語った。

文化勲章を授けられ東京医科歯科大学の学長になった勝木保次は、「日本の学問に対する熱意はまったく身の引き締まる感慨である」と、橋田の一生を学問一筋で全うさせたかったと述懐している。

勝木は、研究だけでなく科学行政の後継者でもあった。勝木は戦前に橋田が提案した総合生物科学研究所の設立に奔走し、七三年に学術審議会で分子生物研究所、基礎生物学研究所、生理学研究所の設立を文部大臣に要請する決議にこぎつけた。

七五年に三つの基礎研究所を束ねた「生物科学総合研究機構」が設立されると、勝木は初代の機構長に選ばれた。生理学研究所の初代所長には、戦時の潜水艦勤務を生き延び、橋田の担当した東大第二生理学講座の教授に就いていた内薗耕二が任じられた。内薗はその後、機構長、そして静岡県立大学の学長になった。

本川、勝木のすぐ下には、東大教授から茨城大学学長、そして東京都知事にもなった東龍太郎がいる。福田邦三は血液凝固に取り組み、保健で東大教授となり、のちに山梨大学の学長になった。

このほかにも弟子たちは多士済々であるが、第二生理学講座で内薗の前任者で、世界に先駆け心筋の細胞内電位を記録した松田幸次郎あたりが最晩年の弟子ということになる。

❖戦前戦後を連ねる天皇制

近衛が亡くなって、牛場友彦は意気消沈していた。だが、戦後しばらく経ってから、ふと思い立って軽井沢の南原に市村今朝蔵の未亡人、きよしを訪ねた。

牛場が近衛の秘書をしていたころ、今朝蔵を訪ねた時、今朝蔵は近衛の政治がなっていないと口汚く非難した。近衛のぎりぎりの決断の連続を知る牛場は怒り、かばんをもって飛び出した。そのかばんを押さえて今朝蔵は、泣きながらその苦労を話せと懇願し、二人は涙ながらに一晩語り明かすことになった。その思い出があったからである。

きよしは牛場に掛け軸にした近衛の書を見せた。「度量数称勝」である。四四年の夏、今朝蔵が近衛に「この語句を書け」と迫って書かせたものである。渾身の書であることがわかった。牛場はしばらく黙って書に見入っていた。そして言った。「鎌倉から出てきた甲斐がありました。近衛さんの生涯をあげての最高の書ですね」。

橋田も近衛も、渾身の人生を突然閉じた。これに対し昭和天皇の変身は鮮やかで、しなやかであった。天皇は自分の命が守られるぎりぎりの決定に関与していくなかで、七世紀後半以来の天命によらない天皇制の連続を守り抜き、昭和史の連続にも寄与したことになる。

今谷明も、結果として北一輝の『日本改造法案大綱』で示された国民の代表である天皇に変わることであったといっている。この時代は「長い歴史のなかでも日本の本来の姿ではなくて、ただ一時の変調であった」といった吉田茂と同じことを照射することにもなる。

だが、こうした天皇の変身、天皇制の変革は、天皇親政、神聖政治など皇国史観を吹き込まれていた国民、ことに皇国少年たちを戸惑わせた。映画監督の篠田正浩も、戦争中は「いかに死ぬか」を思案してきたのに、戦争に負けたとたん「いかに生きるか」を考えるという思想転換を迫られ悩んだ。

八月一五日奥付の火野葦平『小説陸軍』は、出版の五日後に発禁となったが、「日本が承けついできた精神、祖先の継承が一筋の美しい河のごとく今日まで流れ来て、また悠久の時間へと続いていくものを確信することによって、神州を不滅とする頑固一徹な国民の信仰につながっている」と、日本陸軍の不滅と栄光をたたえていた。

今少し上の世代を含めた者のなかに、天皇の裏切りという思いがあったのは不思議ではない。その点で、加藤恭子の『昭和天皇「謝罪詔勅草稿」の発見』は、皇国少年の感情に応え、不徹底に終わった東京裁判の戦争責任論を補うものだ。

田島道治は、戦犯松岡と姻戚関係にあり、近衛のブレーン組織である昭和会にも名を連ねたが、戦後の困難な時期の宮内庁長官になった。侍従長となったのは外交官出身の三谷隆信である。この爵位をもたない二人のコンビで、激動の敗戦直後の日本にあって昭和天皇の変身を助け、平成天皇の美智子妃との結婚もスムーズにこなした。

内薗耕二の呼びかけで資金を集め、明協学寮の卒業生たちが田島の伝記を加藤恭子に依頼し、加藤が伝記を書こうとして田島家と接触した時に、「田島日記」が発見された。それが新事実を次々と炙り出すようになったのである。

そのなかでも、天皇が「深ク天下ニ愧ズ」と謝罪を用意していたことは驚くべき発見であった。冷戦の激化のため、四八年に幕を閉じた極東裁判は、ナチスの大量虐殺を日本にも適用する大雑把なものに終始し、一方で平和を模索した廣田弘毅を死刑にし、植民地問題も、最終的な責任者である天皇の責任も問わなかった。

この不徹底さが「日本は悪くない論」の温床ともなっていたが、「田島日記」の発見は歴史学者ハーバート・ビックスなどの一方的な弾劾に一定の歯止めをかけ、タカ派の足場を崩すものとなった。

敗戦直後の天皇は自分で外交を展開し、自分の居所を探った。そして人間天皇は、めったやたらに外に出て人々に会った。そのなかには、炭鉱にもぐって坑夫を激励するというパフォーマンスもあった。この社会見学的な時期を終えると、天皇のお出ましは制限されるようになり、代わって祈りが多くなった。

夏目漱石の小説に『坑夫』がある。若い青年が、世をはかなんで放浪し、ぽん引きに騙されて坑夫になろうとするという話だ。そのなかに次のくだりがある。

私は、部屋の硝子戸越しに、富士を見てゐた。富士は、のつそり黙つて立つてゐた。偉いなあ、と思つた。「いいねえ。富士は、やつぱり、いいとこあるねえ。よくやつてるなあ」。富士には、かなわないと思つた。念々と動く自分の愛憎が恥ずかしく、富士はやつぱり偉いと思つた。よくやってると思つた。

唐突な引用は、天皇の思い、あるいは天皇を見守る田島たちの思いも、この『坑夫』の主人公と似ていたのではないかと思うからである。

昭和天皇は、貞明皇后の「祈りが足りなかった」という言葉に思いをはせた。GHQは、戦争に導いた制度として伊勢神宮を頂点とする国家神道を廃止し、神聖政治につながる皇国史観を消滅させた。

だが、皇室行事としての祭祀は皇室の私的な行事として残された。国民の前に現れなくなった天皇は、この皇室の私的行事としての祭祀、祈りに多くの時間を割くようになった。そして、それは現皇后に引き継がれている。

しかし皇室祭祀は、おそらく私的行事ではなく、準公式行事というべきものである。つまり国家神道とは、天皇中心の神道祭祀を国家体制の中核にすえるものだと定義すれば、島薗進が明治国家構築にあたって設計ミスがあると指摘した、その一部だけの廃止で終わったことになる。

戦前期の日本は、宗教学者村上重良の分析では「神社神道」「皇室神道」「国体論」の三つの要素がからみ合い合体していくなかで、国民の目に見えないものが突如噴き出す形で事件となった。

それは、必ずしも特殊というわけではない。すでに指摘したように、同時代のアメリカでも、原理主義という似た動きがあったし、現代アメリカでも第二期原理主義である宗教保守派がネオコンサバティズムの世界観と結びつく形でイラク戦争をもたらした。多くの日本国民は日本を宗教に中立的な国とみなしているのだろう。そこが問われることになる。

天皇は敗戦を梃子に、不死鳥のように生きたまま変わったことになる。中国では、胡適は自国の敗戦をもって勝利に導くしたたかな思考をもっていた。日本の敗戦が新生日本になると読み切るだけの指導者はいなかったのだろうか。

思い起こすのは石橋湛山である。われわれの見てきた実験社会の主体となるものはいなかったが、湛山は仮説を提示した上で、戦後短期間だが首相になり、主体としての資格をかろうじて得ているからである。

だが、石橋湛山が唱えた小日本主義を実現するための国際環境は、三〇年ごろには崩壊していた。日本にはそれを再構築する意思も能力もなかった。日本は起きた問題に対処する形で中国市場を目指しただけである。

自由貿易のためのシステムができたのはアメリカの手によって再構築された時であり、日本がそれにアクセスできたのは敗戦によってであった。

では、湛山は敗戦が日本の再生になると言い切っていたか。湛山は日米開戦の時、日本は結局負けるだろうと予感していたが、「自由主義者ではあるが、国家に対する反逆者ではない」とし、国民に向かっては長期戦の覚悟を説き、戦争の早期終結を婉曲に主張した。自分の長男も出征させ、命を落としている。

湛山は、四三年八月にイタリア・ファシズムの崩壊を見ると日本の敗戦を確信し、戦後経済の研究、講演を始めた。そして四四年八月に国際連合設立を目指したダンバートン・オークス会議が始まったとの報に接すると、日本でも戦後経済の検討が必要だと公然と呼びかけた。

労農派教授グループの大内兵衛、有澤広巳、脇村義太郎の無罪釈放の祝賀会を主催し、戦後経済を議論する場とした。一〇月には時の蔵相石渡荘太郎を説いて、省内に「戦時経済特別調査室」を設けさせ、敗戦後の経済復興問題の研究を開始した。敗戦が決定的になって、石橋の所論が政府に認められることになったのである。

敗戦の日、湛山は日記に「予は或意味に於て、日本の真の発展のために、米英と共に日本内部の逆悪と戦っていたのであった。今回の敗戦がなんら予に悲しみをもたらさざる所以である」と書いていた。

ところが、戦後直後に石橋が議員当選を果たし、蔵相として人気が出たところで、終戦間際に時の蔵相と関係をもっていたことを口実にして、GHQは石橋を公職追放に処した。GHQは石橋のアジア、ことに中華人民共和国との国交回復に対する思い入れを問題視したのである。橋田もまた中国に真摯に向き合おうとして日中に友好関係が築けなかったが、湛山の場合も中国に真摯に正面しようとしたことが災いとなって返ってきたのだ。

GHQは、冷戦の時代になると、戦時下にあっても、ひそかに米英とともに戦ってきた湛山をあっさりと切り捨てたのだ。冷戦の時代になれば対米一辺倒の吉田茂首相存続のほうが便利と見て、湛山を追放したとの見方が有力なゆえんである。

ただし、アメリカの市場開放、GATTによる世界自由貿易体制が整い、日本の貿易立国が可能になり、湛山の唱えた小日本主義は吉田内閣のもとで復活した。産業主義を引き継いだのは有澤広巳であり、貿易主義を引き継いだのは中山伊知郎であった。だが、戦争中に低下していた科学のレベルもあって、それは輸入技術でもって達成されたものであった。本来石橋が考えたであろう小日本主義が実現するには、橋田の唱えた科学立国ができていなければならなかったことになろう。

GHQが断行した政治経済改革は、石橋の構想を上回る広範なものだった。ともあれ、戦前期昭和の「実験」は、目的を達成したことになる。だが、その達成は、ワイマール共和国の場合が自分の意思とは関係なく、いきなり圧力窯に投げ入れられて得られた「成果」であるとすれば、日本の場合は、実験の最後で爆発事故が起こり、その結果として得られたという性格のものである。


四四年七月に応召された丸山真男は、のちに『日本政治思想史研究』として出版される論文「国民主義の『前期的』形成」を遺書のつもりで残した。丸山は、もちろん北一輝の所論が占領軍によって実現されるとは考えなかったが、北によって戦前と戦後はフラットになっているのである。とはいえ、丸山によってファシストとされた北が平和憲法につながっていくという見方に嫌悪を示す向きもあるだろう。

パラダイム転換とは、同じ事象が別の理論で説明されることである。戦後体制というのは新しいパラダイムであり、それは戦前に毛嫌いあるいは嫌悪していた北一輝をほめたたえることでなければならない。なぜなら庶民の夢を理論化していたからだ。

丸山同様に、それができない安倍能成は、橋田をののしりながら、戦後における自己のポジションを探り当てようとした。学生でその必要もなかったが、高木彬光も同じ戦術をとったのは、心の平穏のためであろう。

和辻哲郎は『倫理学』の全体構成を考えていた時、風土論を扱う下巻の構想はできていた。しかし、すでに中巻を出した和辻には、その延長で下巻を出すことは不可能になった。そこで和辻は、中巻を戦後の状況に合わせて全面的に書き換え、それを『改訂版』として出した。中巻を廃棄せず『改訂版』としたのである。黙って戦前の言説の口をぬぐった和辻は、『倫理学・下巻』を出し、三部作を「完成」させた。

「変節」したことで和辻は、五〇年には倫理学会を創設して会長となり、五五年には文化勲章も授けられた。『和辻倫理学を読む』を上梓した子安宣邦は、和辻が言論人ならば、中巻を出したところで筆を折るべきだったとする。

吉田茂首相は、戦後の日本のあり方として永世中立とか全面講和を唱えた東大総長になっていた南原繁に対し、「曲学阿世の徒」といったが、世の変化に言辞を整えることは普通のことだったともいえる。安倍も和辻も、普通の行動だったのであり、吉田自身もそうだったのだ。その点、橋田こそ、あまりに潔い人生だったのではないか。

東大医学図書館に、鏑木清方が何度も書き直して完成した橋田邦彦の肖像画が所蔵されている。完成したのは橋田の死後である。弟子たちが橋田未亡人に贈り、それを橋田家が寄付したものだ。ある日、私は図書館に出かけ、その肖像画の橋田に対面した。袴をはいた橋田が端座していた。自分の運命を受け入れて人生を終わる、澄み切った表情である。

先に、廣田弘毅も助かるのではないかと揺れ動く心境にあったと服部龍二の示した「事実」を紹介した。だが、橋田の肖像画に対面し、廣田もまた同じように与えられた自分の運命をそのままに受け入れて死を迎えたのではないかと確信した。城山三郎は間違っていなかったのだと。

橋田も家人には、自分は永平寺におもむいて、構想していた『正法眼蔵釋意』一二巻を完成させたいと漏らしていたのだという。清方が肖像画を描こうとしても、どこか悲しげでどこか寂しげなものになってしまった。心が揺れ動いていた時期があったに違いない。だが、一管を手にし、阿字観を奏でた時、それは澄み切った音色だった。

ただ一管晋化尺八を伴として
一人ゆく師は淋しからずや

葬儀の時、弟子の杉靖三郎はこう唱え、橋田の棺に愛用していた晋化尺八の一管を収め、合掌した。棺が運び出されようとすると、弟子たちは幾重にも取り囲み、涙を流し、その棺を押しとどめようとするかのようだった。大学生であった孫の江澤健一郎は、この葬儀は橋田家のものではなく、弟子たちのものと感じたという。

◎あとがき

〝知の巨人〟橋田邦彦といっても、多方面にわたる「知」のどこに焦点を合わせるべきなのか。戦前に科学立国の提言をしていたという側面に、私は一つの取っかかりを得ようとした。日本版ＮＩＨ創設などの提言をもって総合技術会議に本庶祐議員を訪ね、提言書を氏から他の議員に手渡しで配布してもらうなど、ささやかな経験があったからだ。

しかし、橋田の「知」はあくまで多面的でかつ深い。『正法眼蔵』の研究などでは、漢文の素養のない者には歯が立たないだろうという橋田の声が聞こえた。それでも臆せず、その第一人者である駒沢大学名誉教授の山内舜雄の門を叩いた。

二〇一七年は橋田生誕一三五年になる。戦前期昭和の〝知の巨人〟を現代に復活させたい。その私の思いが伝わったのか、多くの人がお会いくださり、貴重な話を聞くことができた。

戦前期昭和史というのは、いまだ生温かさをもつ歴史である。そこでその時代に生きた人々を直接、間接に見知っているゆえの温かさを伝えるために取材過程も本文に取り込む工夫をした。

今、例として石橋湛山氏の提言でスタートした「戦時経済特別調査室」に参集したエコノミストをとってみよう。私は湛山氏の孫と職場を、大内兵衛氏の息と研究会を一緒にした経験があり、有澤広巳氏の場合、学生時代に友人と自宅に訪ねている。

かすかな点線で結ばれる有澤氏との交流は、そのまま日本のエネルギー政策の変遷だった。戦後自宅にあった有澤氏は、赤鉛筆で線を引きながら三池炭鉱の人からの手紙を読んでいた。戦後の傾斜生産で石炭が増産されたが、急速に石油に置き換わっていったのだ。

中山伊知郎氏が亡くなったときには有澤氏から電話を受けたこともあったが、有澤氏の晩年に参加した研究会では電力会社に原子力発電のリスクと責任を組織的に明確にするよう提言した。だが、「責任ある立場の人たち」がその責任を果たしてこなかったために起こったのがフクシマだった。そう指摘し、橋田邦彦の科学の総合化、知の統合に関連して、私に原子力学会誌の特集を読むよう促したのが、国会の事故調査委員会を率いた黒川清教授である。

黒川氏へのインタビューは、例によって話題がポンポンと飛び、氏の独演会になってしまう。私も話が飛ぶがそれに輪がかかる。必死で追いかけるが追いつかない。

突然「高齢化社会が成り立つには、安楽死が条件になるのではないか」と飛び出す。戦前は結核が国民病で人生五〇年だったが、小泉親彦や橋田などがそれに挑戦したというくだりだ。目の前に、次の出版を模索している吉川洋教授などとの共著『エイジノミクスの勧め――イノベーションで高齢化社会を乗り切る』(仮題)の稿があったからかもしれない。

本書では、同じ戦犯指名を受けたが、医者である橋田や小泉の死を、政治家である近衛文麿や廣田弘毅の死と対比しながら描いてみた。そして、廣田の死刑の求刑に関しては新たな証言を発掘している。一方、死を選んだ橋田と対照して生き延びた人物として、同じ一高校長として安倍能成を、同じ言論人として和辻哲郎を取り上げた。

これらから得られる死生観は、戦前と戦後という時代の対比と考えたが、黒川氏の発想からすれば、人生一〇〇年の時代と五〇年の時代の対比を踏まえて読む必要もあることになる。

過去四〇年にわたって続いた経済のグローバル化の潮の目が、今、大きく変わろうとしている。グローバル経済崩壊の真っ只中にあった戦前期昭和は、戦後、そして今と断絶した時代だったのだろうか。そんなはずはない。連続していたはずだ。橋田邦彦を取り上げ、その復活を考えたのはそうした思いからだ。

橋田を取り上げることで、戦前昭和史に新しい視点が与えられようとの井上寿一教授の励ましは、本書の出版を後押ししてくれた。また橋田の伝記が出ることは故内薗耕二へのはなむけになろう。なぜなら、田島道治と橋田邦彦とを人生の師とした内薗は、生前に資金を募って加藤恭子氏に田島の伝記を依頼したからだ。

そして生まれたのが『田島道治——昭和に「奉公」した生涯』である。田島の人生は昭和の危機回避と発展という戦前戦後の歴史を貫く一本の棒であった。田島日記が昭和史の呪縛をいくぶんでも解いてくれたことは本文でも触れた。

科学立国を提言した橋田の思いは八〇年を経て、大隅良典教授のノーベル賞受賞で今ようやく実現し、戦前戦後が貫かれて提示された。橋田の生まれた倉吉市は地震に見舞われた。いち早い復興をお祈りする。

注

1 東京大学医学部東大生理学同窓会『追憶の橋田邦彦』鷹書房、一九七六年。

2 金森修「橋田邦彦の生動と隘路」『自然主義の臨界』勁草書房、二〇〇四年。

3 橋田邦彦は泉鏡花の『日本橋』の主人公、葛木晋三のモデルとされる。これに関連した記述は編集の過程で削除されているが、橋田は泉鏡花、そして日本画家の鏑木清方と親交があった。

4 天野郁夫『高等教育の時代・上』中公叢書、二〇一三年。

5 東京大学医学部生理学同窓会編・橋田邦彦述『生体の全機性―橋田邦彦選集』(協同医書出版社、一九七七年)に所収されている。

6 吉川弘之「知の統合」「ATOMO Σ日本原子力学会誌」二〇一五年三月号。

7 勝井恵子「医人・医行・格医―橋田邦彦の医の思想」「東洋医学学会誌」二〇一六年、六七巻1号。

8 辻口雄一郎『正法眼蔵の思想的研究』(北樹出版、二〇一二年)にまとめられている。

9 加藤徹『京劇―政治の国の「俳優群像」』中公叢書、二〇〇二年。

10 伊藤きみゑ「顕彰碑除幕式お礼あいさつ」『羽合町史・後編』羽合町、一九七六年。なお、本多武彦が信彦の戦死を伝えるために橋田を官邸に訪ねた時の話は、武彦が周囲の人に繰り返し語ったものとして、本多家に伝わったものである。

11 W. Murray and M.Knox ed, The Making of Strategy, Cambridge Univ. Press, 1994, pp614-645

12 A級戦犯に指名され自決するという橋田の最後がその後、橋田を研究対象とすることを憚らせてきたことは確かだろう。吉仲正和「文部大臣自決事件―橋田邦彦」『スキャンダルの科学史』朝日新聞社、一九八九年。

◉著者プロフィール

高橋琢磨（たかはし・たくま）

1943年岐阜県生まれ。慶應義塾大学経済学部卒業。MBA（カリフォルニア大学バークレー校）、論文博士（中央大学）。野村総合研究所時代には、ニューヨーク駐在、ロンドン支店長、主席研究員などをつとめた。北海道大学客員教授、中央大学大学院教授などを経て評論活動に。著書に『21世紀の格差』（小社刊）、『戦略の経営学』（ダイヤモンド社刊）、『中国市場を食い尽くせ』（中央公論新社刊）、『マネーセンターの興亡』（日本経済新聞社刊）、『アジア金融危機』（東洋経済新報社刊）、ほか多数。

葬られた文部大臣、橋田邦彦

戦前、戦中の隠されてきた真実

2017年3月25日　第1版第1刷発行

著　者　高橋琢磨

発行者　玉越直人

発行所　WAVE出版

〒102-0074 東京都千代田区九段南4-7-15
TEL 03-3261-3713　FAX 03-3261-3823
振替 00100-7-366376
E-mail：info@wave-publishers.co.jp
http://www.wave-publishers.co.jp/

印刷・製本　精興社

ISBN978-4-86621-056-8
NDC916 287p 19cm